Bert Lingnau

Rübe ab!

Der kriminelle Reiseführer
durch
Mecklenburg und Vorpommern

Impressum

Layout und Herstellung: KLATSCHMOHN Verlag,
Druck + Werbung GmbH & Co. KG
Illustrationen: Friederike Ablang, Berlin
Bildnachweis:
Seite 12, 14, 17, 20, 23, 26, 29, 32, 36, 38, 40, 42, 44, 47, 50, 53, 56, 61, 64, 67, 73, 76, 79, 82, 85, 89, 92, 95, 98, 102, 104, 111, 113, 119, 123, 126, 135, 145, 147, 150, 154, 158: Bert Lingnau/Archiv Lingnau, Schwerin
Seite 101, 156: Madlen Lingnau, Schwerin
Seite 107, 116, 129, 130, 139, 141, 157: Dieter Dreilich, Stralsund
Seite 132: Familienarchiv Peter Lorenz, Essen
Seite 136: Jörg Hempel
Seite 70, 138: Wikipedia
4. Auflage 2026
ISBN 978-3-941064-62-1

Inhalt

Rostock und Umgebung

Mecklenburgische Seenplatte

Vorpommern

Vorwort zur 4. Auflage

»Rübe ab!« ist vielleicht ein etwas salopper Titel für ernste, authentische Kriminalfälle, auf andere wirkt er dagegen etwas zu martialisch. Manche erwarten womöglich Geschichten voll schwarzen Humors. Ich verspreche Ihnen: Es ist von allem etwas dabei. Hier geht es um freche Münzfälscher in Gadebusch, schlaue Hunde in Ribnitz-Damgarten, aber auch um Kindermörder auf Rügen und skrupellose Weiber in Neubrandenburg.

Seit Jahrhunderten werden Mecklenburg und Vorpommern landwirtschaftlich geprägt – auch durch den Anbau von Rüben. In diesen Zeiten gehörte das Kriminelle in Dörfern, Städten, auf Landstraßen und Gütern, in Wäldern und auf der Ostsee immer mit dazu. Es war Teil des Lebens und des Sterbens. Die Strafen waren oft drakonisch: Über Jahrhunderte wurden Menschen, die mordeten, totschlugen, brandschatzten oder stahlen, enthauptet. Ihnen wurde, nachdem sie mit ihren Taten Chaos und Durcheinander gestiftet, also – um im ländlichen Bild zu bleiben – »Kraut und Rüben« hinterlassen hatten, sodann ihr Kopf, »die Rübe«, abgeschlagen. Schon im alten Griechenland galt die Rübe als Wurzel des Zankes – und somit als ein Quell des Kriminellen. Im Mittelalter und in der Frühen Neuzeit übten die Henker das Abschlagen von Köpfen auch mit Rüben, damit dann bei der Hinrichtung nichts schiefging und sie von der Menschenmenge nicht ausgepfiffen wurden.

Dieses Buch erzählt von Einzelschicksalen und zeigt Menschen in Extremsituationen – das ist bei Kriminalfällen immer so. Es leuchtet in die Vergangenheit hinein und wirft auch Schlaglichter auf die Sitten-, Kultur- und Rechtsgeschichte Mecklenburgs und Vorpommerns. Da geht es zum Beispiel um den Greifswalder Bürgermeister und Universitätsgründer Heinrich Rubenow, der am Silvestertag 1462 gewaltsam zu Tode kommt. Da geht es um einen Giftmord in Rostock, für den ein rechtschaffener Handwerksmeister 1831 verurteilt wird. Nach Jahren stellt sich der Fall jedoch als Justizirrtum heraus. Und Sie erfahren von der hysterischen, depressiven Schauspielerin Martha Thies, die 1915 bei Boizenburg ermordet und deren nachfolgende Familiengeschichte bis heute davon beeinflusst wird.

Es ist ein Kaleidoskop des Verbrechens, ein mecklenburgvorpommerscher Pitaval in 48 Fällen, der von Räubern, angeblichen Hexen, Betrügerinnen und Mördern, von Gier, Eifersucht und Aberglauben erzählt.

Seit November 2008 veröffentliche ich monatlich je einen alten Kriminalfall in der Zeitschrift **kulturkalender** – Unterwegs in Mecklenburg-Vorpommern, die im KLATSCHMOHN Verlag erscheint. Die besten Fälle werden nun in diesem Buch vereint: in einem kriminellen Reiseführer, der zum Aufsuchen der Tatorte einlädt. Die Städte, Dörfer, Wälder, Wiesen, Strände und Seen erhalten durch die Geschichten neue Facetten, der Blickwinkel auf sie ändert sich.
Sie erfahren neues Altes von bekannten und unbekannten Orten, hören Meldungen von Marktplätzen und entdecken Abwege zum Abwegigen. Das Buch, erstmals im Jahr 2016 veröffentlicht, erscheint nun in seiner 4. Auflage.

Schwerin, im Juni 2026 Bert Lingnau

Westmecklenburg

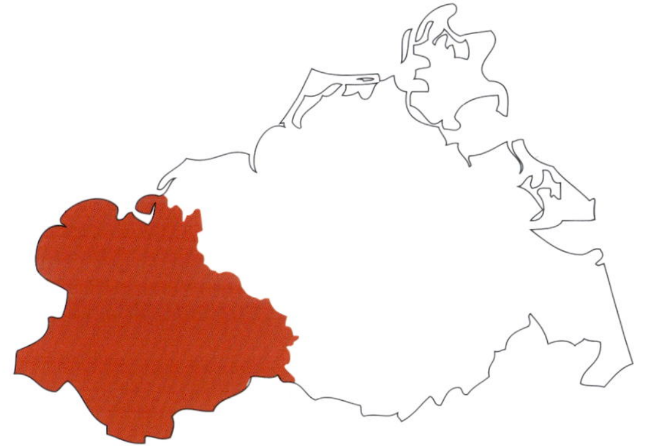

Boizenburg

Das Leben als Drama

1915 wird die Schauspielerin Martha Thies in Vierkrug erschossen

Am 26. Mai 1915 wird in Vierkrug bei Boizenburg gegen 16 Uhr ein nackter Säugling direkt an der Elbe auf einer Wiese gefunden. Das siebeneinhalb Monate alte Kind ist der Sohn der Schauspielerin Martha Thies, die aus Hamburg stammt, zuletzt am Komödienhaus in Berlin engagiert war und auf der Bühne unter den Künstlernamen Martha Treu bzw. Hehdi/Heddi Treu auftritt.

Die Schauspielerin war seit dem 4. Mai in der Pension »Vierkrug« zu Gast. Nun ist sie verschwunden. Die Wirtin des »Vierkruges« hat sie am 26. Mai gegen 14 Uhr mit ihrem Kind und einem fremden Mann den Weg zur Elbe hinuntergehen gesehen. Der Mann sei gegen 15 Uhr sehr aufgeregt zurückgekommen und mit seinem Fahrrad davongefahren.

Am 30. Mai wird Martha Thies 1100 Meter stromabwärts bei Lauenburg tot aus der Elbe geborgen. Die Obduktion ergibt, dass die Schauspielerin durch einen Kopfschuss über dem linken Ohr getötet wurde. Die Schweriner Staatsanwaltschaft setzt für Hinweise, die zur Ermittlung des Täters führen, 500 Mark Belohnung aus.

Knapp drei Wochen später führt dies zum Erfolg: Am 19. Juni wird in Hamburg der Handlungsgehilfe Heinrich Kallies festgenommen, wenige Tage später auch seine Schwester Olga Kallies. Sie soll ihren Bruder angestiftet haben, den Mord auszuführen. Beide Verdächtige leugnen die Tat, wenngleich sie zugeben, die Getötete gekannt zu haben. Die Schauspielerin sei eine hysterische Person gewesen, die oft von Selbstmord gesprochen und ihn nun offenbar verübt habe.

Am 9. Dezember 1915 beginnt vor dem Großherzoglichen Schwurgericht Güstrow der Prozess gegen Heinrich und Olga Kallies. Rund 70 Zeugen sind geladen. In der Verhandlung wird Folgendes festgestellt: Die ermordete Martha Thies war mit dem Hamburger Kaufmann Otto Thies verheiratet. Während der Ehe entdeckte die exzentrische, depressive Frau ihren Hang zur Schauspielerei, ließ sich u. a. in Hamburg und Paris ausbilden, spielte an verschiedenen kleinen Bühnen in Deutschland, erreichte aber nie die Anerkennung, die sie begehrte. Sie lernte einen Opernsänger kennen und bekam von ihm ein Kind – jenen Sohn, der am Tag ihrer Ermordung an der Elbe gefunden wurde. Ihr Ehemann hatte in Hamburg seit Jahren ein Liebesverhältnis mit seiner Wirtschafterin Olga Kallies, die sogar in sein Haus einzog. Die Ehe der Thies' wurde schließlich im Februar 1915 geschieden. Doch die Geschiedenen trafen sich weiter. Otto Thies wollte finanziell für seine Ex-Frau und deren Kind sorgen. Das rief seine Geliebte, inzwischen Verlobte, Olga Kallies auf den Plan, die fürchtete, wieder fallengelassen zu werden.

Am 13. Dezember 1915, dem vierten Verhandlungstag, gesteht Heinrich Kallies, dass Martha Thies in seiner Gegenwart an der Elbe erschossen wurde, die Tat habe ein dänischer Koppelknecht – versehentlich – begangen. Daraufhin wird der Prozess vertagt. In der folgenden Nacht erhängt sich Heinrich Kallies in seiner Gefängniszelle – ein Schuldeingeständnis. Der angebliche Koppelknecht wird nie gefunden.

In einem zweiten Prozess vom 27. bis 30. März 1916 wird Olga Kallies vom Schwurgericht Güstrow wegen Beihilfe zum Mord zu sechs Jahren Zuchthaus verurteilt.

Das Verbrechen hinterlässt Spuren in der Familie der ermordeten Martha Thies: schwierige Biografien und geschei-

terte Existenzen. Der Sohn der Schauspielerin, der am Elbufer gefundene Säugling Georg, wird später selbst Schauspieler, Filmproduzent, Abenteurer und Ballonfahrer. Seine erste Ehefrau, die Schauspielerin Ursula Thies[s] (1924 – 2010), lässt sich 1947 scheiden, geht mit den zwei Kindern nach Hollywood und heiratet 1954 den Schauspieler Robert Taylor. Die Kinder geraten aus der Bahn. Die Tochter Manuela (*1943) wird als Jugendliche oft von der Polizei aufgegriffen und spielt später in drittklassigen Horrorfilmen mit. Der Sohn Michael (*1945) stirbt 1969 in Los Angeles an einer Überdosis Drogen. Die Tochter aus einer weiteren Beziehung des Georg Thies[s] ist die Schauspielerin Doris Kunstmann (*1944). Auch ihre Ehe scheitert, ihr Mann kommt in den 1980er Jahren wegen Betruges ins Gefängnis. Ihr bleiben drei Millionen Mark Schulden.
Das Leben – es ist dramatischer als jedes Theaterstück.

An der Elbe bei Boizenburg, in Vierkrug, wurde die Schauspielerin getötet.

Crivitz
400 Mark und eine Taschenuhr

Ein Raubmord im Jahr 1888

Am 9. Februar 1888 fährt der Omnibusfuhrmann Voß um 6.30 Uhr von Schwerin nach Crivitz. Es ist der erste Pferdeomnibus, der morgens zwischen den beiden Städten verkehrt. Die Chaussee führt vor Crivitz über einen bewaldeten Hügel, den Stahlberg. Es ist ein kalter, nebelverhangener Wintermorgen.

Plötzlich bemerkt Voß im Dämmerlicht ein anderes Fuhrwerk, das auf dem Stahlberg steht. Er steigt ab und tritt näher. Irgendetwas stimmt hier nicht. Ein Rad des Fuhrwerkes liegt neben dem Wagen, kein Mensch ist zu sehen. Voß geht um den Wagen herum – und zuckt zusammen. Dort liegt ein toter Mann, große Blutlachen deuten auf einen schweren Kampf hin. Der Tote hat eine Schusswunde sowie Hieb- und Stichwunden am Kopf. Voß erkennt das Opfer: Es ist der Fuhrmann Bohnhoff aus Crivitz.

Die alarmierten Gendarmen sperren den Tatort ab, sichern Spuren und nehmen die Ermittlungen auf. Zeugen werden verhört. Der Postkutscher, der gestern Abend kurz nach 23 Uhr von Schwerin nach Crivitz gefahren ist, berichtet, dass er Bohnhoff nicht weit vom Tatort am Stahlberg getroffen und im Vorbeifahren noch gefragt habe, weshalb er neben seinem Fuhrwerk hergehe. Bohnhoff habe geantwortet: »Weil der Wagen schwer beladen ist.«

Bald danach muss der Mord geschehen sein. Der Ermordete soll über 400 Mark bei sich gehabt haben. Das Geld und die Taschenuhr Bohnhoffs sind verschwunden.

Zwei Tage später, am 11. Februar, wird in Lübeck ein Mann festgenommen, der verdächtigt wird, die Tat begangen zu

haben: Johann Baeckler, ein Fuhrmannsohn aus Crivitz. Seine Beschreibung passt auf jene, die der Schweriner Postkutscher von einem Mann gegeben hat, den er am Tattag auf der fraglichen Chaussee getroffen hat. Der Verdächtige kann für die Mordnacht kein Alibi vorweisen. Nach langem Verhör wird er nach Schwerin gebracht.
Der Verhaftete verstrickt sich in Widersprüche. Er will die Nacht bei einem ihm unbekannten Mädchen in Hamburg verbracht haben. Doch er ist am Nachmittag vor der Tat vom Bahnwärter in Lübstorf nördlich von Schwerin gesehen worden, ein anderer Bahnbeamter hat ihn in der Mordnacht erneut in Lübstorf gesehen, und der Gastwirt Grot in Kleinen erinnert sich, dass Baeckler am Morgen nach der Tat in seinem Hotel gewesen sei und sich mit Butterbrot, Bier und Schnäpsen gestärkt habe. Von Kleinen ist Baeckler mit dem Zug nach Hamburg gefahren und hat von dort seinen Eltern in Crivitz eine Karte geschrieben, um zu beweisen, dass er in Hamburg gewesen sei.

Blick über den Crivitzer See. In der Nähe der Stadt geschah das Verbrechen.

Doch auch ein aus Crivitz stammender Schlachterlehrling hat den Verdächtigten am Tattag auf der Wismarschen Chaussee bei Schwerin gesehen.
Die Zeugenaussagen beweisen: Baeckler hat sich während der Mordnacht in der Nähe des Tatortes aufgehalten. Bei der Durchsuchung seiner Unterkunft in Lübeck sind an seinen frisch gewaschenen Kleidungsstücken Blutspuren gefunden worden. Eine noch nicht geheilte Stelle an der Stirn führt Baeckler auf einen unglücklichen Sturz zurück. Bei der in der Wohnung seines Vaters in Crivitz vorgenommenen Hausdurchsuchung wird ein Revolver gefunden. Aufgrund dieses Beweismaterials ändert Baeckler seine Aussagen – und verstrickt sich immer weiter in Widersprüche. Die Ermittlungen ergeben unter anderem, dass er sich in Hamburg vor einiger Zeit einen Revolver gekauft hat.
Im April 1888 sind die Voruntersuchungen abgeschlossen, Baeckler wird wegen Mordes vor Gericht gestellt und am 16. Juni 1888 vom Güstrower Schwurgericht zum Tod verurteilt. Er legt Revision ein, die jedoch vom Reichsgericht Leipzig verworfen wird. So bricht Baeckler am 3. August 1888 aus dem Güstrower Landgerichtsgefängnis aus, entkommt durch eine offenstehende Tür, läuft auf der äußeren Mauer des Gefängnishofes entlang, springt von der 14 Fuß hohen Mauer hinunter in den Graben und flieht in die Wiesen. Doch es gelingt, den Sträfling wieder einzufangen. Knapp zwei Monate später, Ende September 1888, begnadigt der mecklenburgische Großherzog den Verurteilten. Baecklers Todesstrafe wird in eine lebenslängliche Zuchthausstrafe umgewandelt. Die Tat hat der Fuhrmannsohn nie gestanden.

Dömitz

Willkür am Hofe

Herzog Karl Leopold und die Enthauptung des Kanzlers Wolffradt 1723

Seit dem Jahr 1713 steht der Adlige Hermann Christian von Wolffradt in Diensten des Herzogs Karl Leopold von Mecklenburg-Schwerin. Der Herzog ist ein Getriebener, ein unsteter Charakter, der zwischen 1713 und 1747 versucht, seine absolutistische Macht auszubauen und dadurch die mecklenburgischen Landadligen und die Stadt Rostock gegen sich aufbringt. Mecklenburg-Schwerin versinkt in diesen Jahren in kriegerischen Auseinandersetzungen und wird zeitweise von ausländischen Truppen besetzt. Lange Zeit steht Wolffradt loyal zum Herzog und wird dafür 1720 in Dömitz zum Kanzler ernannt. Doch dann fällt er in Ungnade.

Der Herzog fühlt sich verfolgt und vermutet eine Verschwörung. Angeblich – so überliefern es 1748 die *Genealogisch-Historischen Nachrichten von den Allerneuesten Begebenheiten, welche sich an den Europäischen Höfen zutragen* – ist ein Sprengstoffattentat geplant: *»Es wären an fünf Stellen des Herzoglichen Schloßes in Dömitz Minen angelegt worden, darinnen sich eine ziemliche Quantität Pulver befunden. Bei solchem Pulver habe schon Lunte gelegen, womit man dasselbe noch den Abend, da es an den Tag gekommen, anzünden und dadurch das Schloß mit dem Herzoge und allen seinen Bedienten in die Lufft sprengen wollen.«*

Der Herzog greift hart durch: Verdächtige werden verhaftet und gefoltert, am 19. Dezember 1721 lässt er zwei Musketiere mit dem Schwert enthaupten und danach ihre Köpfe und gevierteilten Leiber an den Landstraßen zur Abschreckung aufhängen. Auch gegen seinen Kanzler Wolffradt, dessen Frau die Mätresse des Herzogs ist, wird seit Sommer 1721 ermittelt. Angeblich soll Wolffradt ein Dokument gefälscht haben. Doch ihm kann nichts nachgewiesen werden. Dennoch wird Wolffradt am 29. Mai 1722 zum Tod verurteilt und am 16. September 1723 in Dömitz enthauptet, wie die *Genealogisch-Historischen Nachrichten* berichten:

»Es solte dessen Hinrichtung heimlich in seinem Zimmer geschehen, er bat sichs aber als eine Gnade aus, daß es öffentlich geschehen möchte. Vor seinem Ende hieltt er eine Rede von seiner Unschuld und erwartete mit gröster Standhafftigkeit den fatalen Hieb, der aber unglücklicher Weise zwey mahl gesch[e]hen muste.«

Die Hinrichtung des unschuldigen Kanzlers ist ein Skandal, der in der mecklenburgischen Geschichte einmalig ist und im ganzen Deutschen Reich bekannt wird. Der Skandal weitet sich aus, als nach Wolffradt weitere hochgestellte Persönlichkeiten sterben: Der Geheime Kabinettssekretär

Die Dömitzer Festung sollte angeblich in die Luft gesprengt werden.

Scharff und der Dömitzer Bürgermeister Brasch kommen, ebenfalls verdächtigt, im Gefängnis um.
Brasch stirbt im Oktober 1723, Scharff erliegt einen Monat später seinen Verletzungen, die er durch Folter erlitten hat. Auf Befehl des Herzogs wird *»an seinem todten Cörper, den 16 Dec. 1723 die Execution verrichtet, da man solchen viertheilte, ihm das Herze aus dem Leibe risse und den Kopff samt den 4 Theilen auf Pfähle steckte«* – genau an den Orten, an denen noch die Reste der vor zwei Jahren hingerichteten Musketiere hängen.
Herzog Karl Leopold hat – aus Angst um sein Leben – bereits im Dezember 1721 Dömitz verlassen und ist nach Danzig geflüchtet. Die Frau Wolffradts folgt dem Herzog, wohl nicht freiwillig, nach Danzig. Sie bleibt noch acht Jahre seine Mätresse und gebiert ihm in dieser Zeit vier Töchter.
1730 kehrt Karl Leopold aus Danzig zurück. Inzwischen ist sein Bruder vom Kaiser als Administrator über Mecklenburg-Schwerin eingesetzt worden. Karl Leopold versucht in den folgenden Jahren, die Macht im Land wieder zu erringen – und scheitert immer wieder. Seinen Minister Christian David Schröder, der die Hinrichtung Wolffradts vollstrecken ließ, prügelt der Herzog im Herbst 1731 im Schweriner Schloss eigenhändig fast zu Tode, befiehlt ihm dann am selben Nachmittag, mit zur Jagd im Schelfwerder zu reiten, von welcher Schröder tot zurückgebracht wird. Die einen sagen, er sei vom Pferd gestürzt und habe sich den Hals gebrochen, andere meinen, er sei erschossen worden.
Herzog Karl Leopold verbringt die letzten Jahrzehnte seines Lebens unruhig, grollend und rachsüchtig, doch in allen seinen Unternehmungen erfolglos.
Am 28. November 1747 stirbt er, verbittert, krank, im Alter von 69 Jahren in Dömitz. Seine Leiche wird im Doberaner Münster beigesetzt.

Gadebusch

Doppelschillinge

Der Münzfälscher Simon Lüdemann

Im Jahr 1613 regiert Herzog Adolf Friedrich I. in Schwerin. Er sichert seine Macht natürlich auch durch Geld, vor allem durch die Herstellung des Geldes. Sein Münzmeister Simon Lüdemann prägt in Gadebusch aus Gold und Silber verschiedene Münzen: Gulden, Taler und Doppelschillinge. Gleichzeitig übt er für seinen Herrn Handelstätigkeiten aus, Lüdemann ist der Bankier des Herzogs.

Doch der Mammonmeister nimmt es mit den Gesetzen nicht so genau: Bereits 1609 ist festgestellt worden, dass er falsche Doppelschillinge hergestellt – geschlagen – hat. Der Herzog – womöglich war er sogar der Auftraggeber der Falschmünzerei – hat ihm jedoch verziehen und empfiehlt 1613 der Hansestadt Wismar, die einen neuen Münzmeister sucht, die Dienste Lüdemanns.

So eine Fürsprache ist Gold wert. Lüdemann bewirbt sich in Wismar und wird angenommen. Nun prägt er weiter Goldgulden und silberne Doppelschillinge – in Gadebusch für den Herzog und in Wismar für die Hansestadt. Doch nach einiger Zeit gerät Lüdemann in Verdacht, einen verbotenen Geldwechsel und eine nicht legale Art des Silberaufkaufes zu führen. Gehört er zu den Kippern und Wippern, die zu Beginn des 17. Jahrhunderts im Heiligen Römischen Reich Deutscher Nation ihre Geschäfte betreiben?

Die Kipper und Wipper stellen minderwertige Münzen her und bescheren dem Reich seine größte Inflation. Hinter den Fälschern stehen oft die Münzherren, zum Beispiel Herzöge und Könige: Sie lassen Münzen fälschen, um ihre knappen Kassen aufzubessern. Die Münzmeister kaufen im Auftrag ihrer Herren alte Geldstücke, wiegen (»wippen«) sie, sortieren (»kippen«) die hochwertigen aus und schmelzen sie ein, um anschließend mehr Münzen mit einem geringeren Silbergehalt daraus herzustellen. Die so geprägten Zahlungsmittel enthalten anstelle des Silbers viel mehr Kupfer, das zuvor chemisch behandelt worden ist, damit es seine Farbe verliert.

Besonders von 1618 bis 1623 wird auf diese Weise schweres Silbergeld zugunsten weniger silberhaltigen Geldes in Umlauf gebracht. Denn bei Ausbruch des Dreißigjährigen Krieges (1618 – 1648) brauchen die Fürstenhäuser dringend Geld. Sie müssen ihre Heere finanzieren und beginnen im großen Stil, Münzen von minderer Qualität prägen zu lassen.

Wahrscheinlich arbeitet auch Simon Lüdemann im Auftrag des mecklenburgischen Herzogs, der ihm darum immer wieder den Rücken freihält. Doch inzwischen werkelt Lüdemann auch auf eigene Rechnung. 1618 soll er für Wismar

In Gadebusch prägte Simon Lüdemann Münzen.

neue Taler schlagen, beginnt damit auch, sieht aber zugleich die Möglichkeit, wieder seine unterwertigen Doppelschillinge herzustellen. Das führt dazu, dass sich die Stadt Lübeck, in der die Doppelschillinge ebenfalls als Zahlungsmittel zugelassen sind, über die minderwertigen Münzen beschwert und weitere Schritte androht. Eine Kontrolle im Wismarer Münzhaus bringt den Beweis: Für zirka 8000 minderwertige Münzen wird Silber gefunden und in einem Kasten versiegelt. Lüdemann hat in die von ihm »gestreckten« Doppelschillinge ein älteres Herstellungsdatum gestempelt, damit sie unverdächtig aussehen.
Einige Tage später ist das Silber verschwunden, ohne dass das Siegel zerstört wurde. Zauberei?
Der Rat von Wismar will nun seinen Münzmeister schnellstens loswerden. Am 14. November 1618 erklärt Lüdemann sich des Vorwurfes schuldig und will den entstandenen Schaden ausgleichen. Er reist nach Gadebusch und prägt dort mit auf 1617 zurückdatierten mecklenburgischen Stempeln, um eine bessere Qualität vorzutäuschen, munter weiter falsches Geld. Dies führt dazu, dass der Herzog eine Woche danach, am 1. Dezember 1618, den Monetenmeister verhaften und in Wismar vor Gericht stellen lässt.
Im Prozess wird festgestellt, dass Lüdemann in Wismar fast 200000 falsche Münzen geprägt hat. Da distanziert sich Herzog Adolf Friedrich von seinem willfährigen Diener, auch um den eigenen Kopf zu retten, und fällt am 15. Juli 1619 folgendes Urteil: *»Der Münzmeister Simon Lüdemann soll mit dem Schwert gerichtet und sein Kopf gepfählt werden.«*
Vier Tage später wird das Urteil in Schwerin vollstreckt. Lüdemanns Vermögen erhält zu 75 Prozent – der Herzog.

Groß Thurow
Grenzflucht

Der Tod des Ulrich Krohn 1952

Nachdem sich 1949 zuerst die Bundesrepublik Deutschland (BRD) und wenig später die Deutsche Demokratische Republik (DDR) gründen, ist die Teilung des 1945 am Ende des Zweiten Weltkrieges untergegangenen Deutschen Reiches endgültig vollzogen. Der Kalte Krieg hat längst begonnen, die Grenzanlagen zwischen beiden deutschen Staaten werden in den folgenden Jahren ausgebaut und immer stärker bewacht – auch im Norden. In Mecklenburg-Vorpommern sind bereits Ende November 1946 die ersten Grenzpolizei-Einheiten aufgestellt worden, insgesamt 375 Mann, die leitende Stabsgruppe sitzt in Schwerin. Diese Einheiten bewachen die Westgrenze der DDR, von der Lübecker Bucht bis nach Dömitz an der Elbe.
Am 16. Mai 1952 wird die Grenzpolizei dem Ministerium für Staatssicherheit unterstellt. An diesem Tag, einem Freitag, kommt es im Landkreis Schwerin zu einem folgenschweren Zwischenfall, einem Drama zwischen zwei Männern, die zusammen in der Nähe von Groß Thurow nördlich des Schaalsees Wache gehen. Der eine, Oberwachtmeister Ulrich Krohn, hat das Kommando, der andere, Unterwachtmeister Hartmut Trübe, einen Plan im Kopf: Er will über die Grenze fliehen.
Die beiden essen noch zusammen Mittag. Krohn, Jahrgang 1931, ahnt nicht, was ihm gleich passieren wird. Der dunkelhaarige Mann stammt aus Zachow, einem Dorf südlich von Neubrandenburg. Nach dem Tod seiner Mutter ist Krohn mit seinen fünf Brüdern bei den Großeltern aufgewachsen, hat sich 1951 freiwillig zum Dienst in der Grenz-

polizei gemeldet und ist schnell zum Oberwachtmeister befördert worden.
Am 16. Mai 1952 stirbt Ulrich Krohn. Denn Unterwachtmeister Hartmut Trübe, erst seit vier Wochen im Grenzkommando, erschießt ihn, nimmt ihm die Armbanduhr und die Geldbörse mit rund 200 Mark ab und flüchtet über die Grenze ins Holsteinische. Gegen 14 Uhr taucht die Wachablösung auf. Sie findet Krohn im Gras liegend, von Trübe fehlt jede Spur. *»Schräg über der Leiche«*, so der »Tatortbefundsbericht« der Schweriner Mordkommission, *»liegt ein 1,20 m langer Holzknüppel.«* Trübe hat seinen Vorgesetzten offenbar zuerst niedergeschlagen und dann mit mehreren Schüssen aus seinem Karabiner getötet.
Die Beisetzung Ulrich Krohns findet in Zachow am Tag seiner geplanten Hochzeit statt.

Im Grenzgebiet bei Groß Thurow wurde Ulrich Krohn erschossen.

Nur elf Tage nach der Tat, am 27. Mai 1952, erlässt die DDR die »Polizeiverordnung über die Einführung einer besonderen Ordnung an der Demarkationslinie«:
Es wird an der Westgrenze der DDR eine fünf Kilometer breite Sperrzone mit einem 500-Meter-Schutz- und einem Zehn-Meter-Kontrollstreifen errichtet und der Bau eines 1,20 Meter bis 1,50 Meter hohen Stacheldrahtzaunes entlang der innerdeutschen Grenze begonnen.
Zugleich beginnt die DDR an diesem 27. Mai in der sogenannten »Aktion Ungeziefer« über 8300 Einwohner aus dem Grenzgebiet auszusiedeln. Ohne jede Möglichkeit des Widerspruchs müssen die Menschen innerhalb weniger Stunden ihre Häuser verlassen, Bauern dürfen ihr Vieh, landwirtschaftliche Geräte, Saatgut oder Brennstoff nicht mitnehmen. Die Familien werden ins Landesinnere der DDR zwangsumgesiedelt.

Verbrechen haben, auch wenn sie auf den ersten Blick eindeutig erscheinen, komplexe Hintergründe. Je detaillierter man diese Hintergründe kennt, desto öfter verschwimmen klare Zuordnungen und leichte Urteile. Wer trägt die Verantwortung, wer die Schuld?
Der Mörder Ulrich Krohns, Hartmut Trübe, wird im Dezember 1952 von der Jugendkammer des Landgerichts Lüneburg zu zehn Jahren Jugendstrafe verurteilt (Aktenzeichen 2 KLS 4/52).

An der innerdeutschen Grenze sterben bis 1989 knapp 900 Menschen: DDR-Flüchtlinge, Grenzer und BRD-Bürger.

Ludwigslust

Spuren im Sand

Ein Mord in der Heide

Am 5. Mai 1871 arbeiten ein Dutzend Männer an der Bahnstrecke zwischen Ludwigslust und Grabow. Gegen 15.45 Uhr fällt in ihrer Nähe ein Schuss, der auch von anderen Zeugen gehört wird, doch niemand forscht zunächst nach. Wenig später taucht jedoch am nicht weit entfernten Bahnübergang am Groß Laascher Weg ein reiterloser Schimmel auf. Was hat das zu bedeuten? Ist ein Unglück geschehen?

Man verfolgt die Pferdespuren, die in den Wald führen, sucht den Forst systematisch ab und findet schließlich in einem Tannendickicht die Leiche des Rentiers Ernst Carl Wilhelm Seeler aus Ludwigslust. Der 53-Jährige liegt auf dem Rücken, sein Rock zeigt unterhalb des Herzens ein Loch, sonst sind keinerlei Spuren von Gewalt, auch keine Blutspuren zu sehen. Aber der Fundort scheint der Tatort zu sein.

Die Leiche wird nach Grabow gebracht und dort am nächsten Tag obduziert: Seeler ist durch einen Schuss in den Oberbauch getötet worden, der aus einer Entfernung von etwa 20 Schritt abgegeben wurde. Der Rentier muss von seinem Schimmel gestürzt und innerhalb weniger Minuten innerlich verblutet sein. Beim Entkleiden der Leiche wird im Hemd eine große bleierne Rundkugel, die aus einer Jagdbüchse stammt, entdeckt. Ist Seeler das Opfer eines Wilderers geworden?

In Verdacht gerät sofort der Büdner Heinrich Kruse aus dem Nachbardorf Karstädt. Der 23-Jährige ist mehrfach wegen Gewalttätigkeiten und Jagdvergehen vorbestraft.

Noch in der Nacht nach der Tat wird Kruse aus dem Bett heraus verhaftet. Er ist völlig unbefangen und klagt nur über ein eiterndes Geschwür am linken Fuß, das ihn am Gehen hindere und es ihm schon seit acht Tagen unmöglich mache, Stiefel anzuziehen. Er sei gezwungen gewesen, meist im Bett zu bleiben. Ein Arzt untersucht Kruse und stellt fest, dass sich unter dem Ballen des linken Fußes tatsächlich eine Eiterbeule befindet. Doch das Gehen ist dadurch nicht unmöglich, nur erschwert – die linken Schritte fallen kürzer aus als die rechten. Hinzu kommt: Mehrere Zeugen haben Kruse am Tattag in Karstädt gesehen. Er wich ihnen aus, um unbemerkt zu bleiben.

Die Ermittlungen gehen weiter. Forstleute finden in der Nähe des Tatortes – im Sand – Stiefelspuren, die ein übereinstimmendes, auffälliges Merkmal aufweisen: Der rechte Hacken ist nach hinten und außen und die ganze rechte

Kirche in Karstädt. Der Mörder lebte in diesem Dorf.

Sohle nach außen stark übergetreten und besonders tief eingeprägt. Zufälligerweise lässt sich mit ziemlicher Genauigkeit die Entstehungszeit der Abdrücke feststellen: Am 4. Mai hat es zuletzt geregnet, die Fußspuren weisen keine Regentropfen auf, sind somit später entstanden. Eine der Spuren ist vom Wagen des Forstmeisters überfahren worden, der nur am 5. Mai abends vorbeigekommen ist. Also können die Abdrücke nur vom 5. Mai stammen.

Die charakteristischen Spuren lassen sich bis nach Karstädt verfolgen. Dort wird am 7. Mai eine Hausdurchsuchung bei Kruse durchgeführt und ein Paar Stiefel gefunden, das genau zu den Abdrücken passt. Man misst an verschiedenen Stellen des Weges die Schrittlängen und entdeckt, dass die Schritte mit dem linken Fuß regelmäßig kürzer ausfallen als die mit dem rechten. Zur Sicherheit wird noch in sämtlichen 34 Häusern Karstädts nach allem dort vorhandenen Schuhzeug gesucht, doch findet sich nichts, was zu den Spuren passt.

Am 3. Juni entdeckt der Holzwärter Möhrer in der Nähe des Tatortes im Wald unter Moos verborgen die Tatwaffe: eine Jagdbüchse mit sechs dazugehörigen Kugeln, die, das ergeben die Ermittlungen, Kruse gehört. Die Kugeln werden mit der bei der Leiche gefundenen Kugel verglichen, auch chemisch analysiert – die Werte stimmen überein.

Daraufhin verurteilt das Criminal-Collegium in Bützow Kruse zu 15 Jahren Zuchthaus. Das Gericht nimmt an, dass Seeler den Wilddieb bei der Jagd überraschte, ihm ins Dickicht nachritt und dort von ihm erschossen wurde. An der Mordstelle in der Ludwigsluster Heide wird ein Denkmal gesetzt, das die Sowjetarmee nach 1945 auf dem Truppenübungsgelände zerstört und vergräbt. 2004 wird das Denkmal nach langem Suchen wiederentdeckt, restauriert und aufgerichtet.

Neustadt-Glewe

Ein Schuss in der Nacht

Wie der Nachtwächter Both für immer »einschläft«

Eigentlich könnte er ein ruhiges Leben führen, durch die Straßen spazieren, an der Elde stehen, die Elstern beobachten und den Kühen übers Fell streichen. Er könnte die alte romantische Burg betrachten, mit den Bauern schwatzen und auf dem Rückweg im Krug einkehren, um sich ein frisches Bier in den Bauch zu gießen. Eigentlich. Aber das entspricht nicht seinem Charakter. Der Nachtwächter Both will für Recht und Ordnung sorgen. Kein Dieb, kein Räuber soll in der Stadt sein Unwesen treiben. Da schlägt er dazwischen, da fletscht er die Zähne, da wird er zum Bluthund, der die Fährten verfolgt.

Mitte des 19. Jahrhunderts lebt Both in Neustadt in der Lewitz, dem heutigen Neustadt-Glewe. Er ist nicht nur Nachtwächter, sondern auch Polizeidiener. Was treibt ihn an, als Hilfspolizist in der Stadt zu patrouillieren? Sein Gerechtigkeitssinn? Seine Ordnungsliebe? Oder seine Gehorsamkeit gegenüber der Obrigkeit?

Both ist ein treuer Untertan, ein Mann, der seine Pflicht erfüllt. Zugleich genießt er die Anerkennung der Leute. Sie achten ihn, denn als Polizeidiener hat sein Wort Gewicht. Er jagt Räuber und Diebe wie ein Wolf die Schafe, und er ertappt sie – denn ihre Intelligenz übersteigt die von Schafen mitunter nur unwesentlich – häufig auf frischer Tat. In der Dunkelheit streift der Nachtwächter über den Neustädter Markt, leuchtet in verwinkelte Gassen hinein und klopft an Fenster, wenn er Streit hört: »He ihr da! Brüllt nicht so laut. Das ist ja bis zum Schloss zu hören. Anständige Leute schlafen um diese Zeit.« Wenn dann Ruhe einkehrt, schlurft Both weiter.

Im Januar 1852 gibt es Neuigkeiten in Neustadt, sie verbreiten sich wie ein Lauffeuer in der Stadt. Räuber haben eine Wirtschaft im benachbarten Neuhof geplündert, haben Kisten, Schränke und Truhen durchwühlt. Ihre Beute: Geld und Silbersachen. Die Spuren führen nach Neustadt. Wenig später wird erneut ein Gehöft in Neuhof überfallen. Doch der Bauer hat sich mit seinen Söhnen verschanzt und empfängt die Verbrecher mit gezielten Flintenschüssen. Die Kerle suchen im Kugelhagel das Weite. Wieder führt ihre Spur nach Neustadt.

Auch hier ist man längst auf der Hut, die Einwohner haben sich Waffen zugelegt, denn die Diebstähle, Brandstiftungen und Straßenräubereien haben sie tief verunsichert. Nur der Nachtwächter Both geht weiter unbeirrt seine Runden. Das wäre doch gelacht, wenn er sich jetzt verstecken würde. Nun sind seine Qualitäten erst recht gefragt.

Doch eines Morgens liegt er tot auf der Straße, ermordet *»mittelst einer mit grobem Schrot geladenen Schußwaffe«*. In

Auch die Burg in Neustadt-Glewe bewachte Both auf seinen Rundgängen.

einem ersten Bericht der Behörden heißt es am 17. Januar 1852: *»Heute Morgen gegen 5 Uhr ist der städtsche Polizeidiener und Nachtwächter Both, durch einen Schuss [...] durch den Kopf, auf der Straße todt gefunden worden [...] Diese verabscheuungswürdige That ist [...] aus Rache gegen den Nachtwächter Both [verübt worden], der mit großem Diensteifer bemüht war, Diebstähle und Morde, die in letzter Zeit in Neustadt vorgefallen waren, aufzuklären. Ein paar Mal war es ihm schon gelungen, die Diebe dingfest zu machen. So war er auch in dieser Nacht Tätern auf der Spur.«*

Noch am selben Tag werden ein Kriminalrat, zwei Gendarmen und ein dreizehnköpfiges Militärkommando nach Neustadt entsandt. Sie sollen die dortige Polizei unterstützen und für Ruhe und Ordnung sorgen. Die Polizisten leisten gute Arbeit. Sie befragen Zeugen, rekonstruieren die Nacht der Tat und folgen Hinweisen aus der Bevölkerung. Genau einen Monat später werden die ersten Ermittlungserfolge gemeldet. Insgesamt zwölf Personen sind verhaftet worden.

In den Verhören finden die Polizisten heraus, dass sich der Mörder des Nachtwächters unter den Verhafteten befindet. Er trägt den Namen Darchow.

Der Mann wird wegen Mordes und mehrerer Diebstähle angeklagt. Er sitzt im Stadtgefängnis von Hagenow. Ob und zu welcher Strafe er verurteilt worden ist, darüber schweigen die Akten. Das Brisante: Darchow ist bei seiner Tat vom ehemaligen Nachtwächter und Polizeidiener Leitmann unterstützt worden. Gegen Leitmann wird wegen Raubes, Körperverletzung und Mordes ermittelt. Welche Strafe er bekommen hat, ist ebenfalls nicht überliefert.

Niendorf, Dorf Mecklenburg

»Nehmen Sie man gleich Abschied«

Drei Kapp-Putsch-Morde in Mecklenburg 1920

Im März 1920 versucht der rechtsradikale Politiker Wolfgang Kapp die Weimarer Republik zu stürzen und eine Diktatur zu errichten. Doch der Militärputsch – dilettantisch inszeniert – bricht nach fünf Tagen infolge eines Generalstreiks, organisiert von den Gewerkschaften, zusammen. In vielen Regionen der Republik gehen die bewaffneten Auseinandersetzungen zwischen Militär und Arbeitern jedoch weiter, auch in Mecklenburg.

Am Morgen des 17. März 1920 treffen sich in Niendorf südlich von Wismar streikende Arbeiter bei dem Tagelöhner Wilhelm Wittke. Sie beschließen, bei ihrem Gutsbesitzer Baron von Brandenstein wegen einer Lohnforderung vorzusprechen. Der Baron antwortet mit Gewalt. Er lässt Militär aus Schwerin anrücken, u.a. das Freikorps Roßbach, eine paramilitärische rechtsradikale Truppe, und in der folgenden Nacht Wittkes Wohnung durchsuchen. *»Nehmen Sie man gleich Abschied«*, sagt einer der Männer zu Wittkes Frau, *»in einer Stunde ist der Kerl eine Leiche!«*

Zusammen mit den Arbeitern Johann Steinfurth, Fritz Möller und Adolf Möller wird Wittke vor das Gutshaus geschleppt. Baron Joachim von Brandenstein tritt heraus, zeigt auf Wittke und Steinfurth und sagt: *»Das sind die Richtigen.«*

Ein »Standgericht« – bestehend aus einem Leutnant Bender, einem Vizefeldwebel und einem Gefreiten – verurteilt die beiden Arbeiter zum Tod. Sie werden noch in der Nacht erschossen, nachdem Roßbach die sofortige Vollstreckung des »Urteils« angeordnet hat.

Auch im benachbarten Dorf Mecklenburg schlagen die Roßbacher zu. Am 18. März 1920 leitet der Arbeiter Franz Slomski aus Karow in einer Gastwirtschaft eine Versammlung streikender Arbeiter. Plötzlich fahren mehrere Offiziere und etwa 60 Soldaten in ihren Autos vor und lassen die Arbeiter antreten. Der ebenfalls erschienene Rittergutsbesitzer Bachmann, bei dem Slomski arbeitet, sucht die »Rädelsführer« heraus. Slomski wird verhaftet und misshandelt, während sich Bachmann mit einem Offizier unterhält.
Dann tritt dasselbe »Standgericht«, dem auch Wittke und Steinfurth zum Opfer gefallen sind, zusammen und fällt folgendes »Urteil«: Gemäß der Verfügung des Militäroberbefehlshabers Freiherr von Lüttwitz Nr. 15 (1a Nr. 16313) wird der Arbeiter Slomski, da er als Rädelsführer und mit der Waffe in der Hand zum Widerstand gegen die Truppe aufgefordert hat, mit dem Tod des Erschießens bestraft. Slomski wird an seiner Wohnung vorbeigeführt, vor der

In Dorf Mecklenburg leitete Franz Slomski eine Versammlung.

seine Frau und Kinder stehen und verzweifelt schreien. Kurz hinter dem Dorf wird Slomski erschossen. Die Leiche bringt man der Witwe ins Haus.
Später werden die Mörder juristisch verfolgt. Die Staatsanwaltschaft in Schwerin stellt das Ermittlungsverfahren gegen die Mitglieder des »Standgerichts« jedoch am 7. Oktober 1920 ein, weil angeblich der Tatbestand einer vorsätzlichen, bewusst rechtswidrigen Handlung nach Lage der Sache ausgeschlossen sei und eine fahrlässige Tötung unter den Amnestieerlass vom 4. August 1920 (Kapp-Amnestie) falle. 1922 wird das Verfahren gegen einige Mitglieder des »Standgerichts« – Leutnant Linzenmeier, Leutnant Meincke und Oberleutnant Roßbach – wieder aufgenommen und die Eröffnung der Voruntersuchung wegen Mordes beantragt. Das Mecklenburgische Landgericht, Strafkammer I, lehnt diesen Antrag jedoch am 19. Januar 1923 ab.
Daraufhin legt die Staatsanwaltschaft Beschwerde ein und erreicht, dass das Oberlandesgericht Rostock am 24. Februar 1923 die Eröffnung der Voruntersuchung anordnet. Nachdem das Verfahren sich weitere viereinhalb Jahre hinzieht, kommt es am 27. Juli 1927 schließlich zu Haftbefehlen gegen Roßbach, Bender und Meincke, die jedoch durch die Strafkammer Schwerin am 18. August 1927 mit der Begründung aufgehoben werden, dass die Erschießungen aufgrund eines Standgerichtsurteils erfolgt seien. Mit der gleichen Begründung werden die drei Hauptverantwortlichen am 18. März 1928 – also genau acht Jahre nach der Tat – durch einen Beschluss der Schweriner Strafkammer endgültig außer Verfolgung gesetzt.
Joachim von Brandenstein, der für die Ermordung seines Tagelöhners Wilhelm Wittke mitverantwortlich ist, wird am 18. März 1924, am vierten Jahrestag der Ermordung Wittkes, neuer Ministerpräsident des Freistaates Mecklenburg-Schwerin. Er bleibt bis zum 21. April 1926 im Amt.

Roduchelstorf

Geschichte ist kein Zufall

Der Raubmörder Fritz Warnemünde

Roduchelstorf ist ein kleiner Ort in Nordwestmecklenburg. Er liegt 15 Kilometer östlich von Lübeck zwischen Schönberg und Rehna. Die Maurine und die Radegast fließen hier entlang, einst siedelten Slawen auf diesem Gebiet. Seit 1616 steht ein Kossätenhaus, ein Kleinbauernhaus, im Dorf, es ist heute – originalgetreu restauriert und als Rauchhaus noch immer bewohnt – das älteste Mecklenburgs.

Im 19. Jahrhundert verläuft hier die Grenze zwischen den Großherzogtümern Mecklenburg-Schwerin und Mecklenburg-Strelitz, Roduchelstorf liegt auf Schweriner Gebiet. Als 1849 der Bau einer Chaussee zwischen Lübeck und Schwerin beginnt, ändern sich die Straßenführung und das Dorfbild an dieser Strecke. Neue Einwohner ziehen hinzu. Geschichte ist kein Zufall, ein Ereignis baut auf dem anderen auf. Hätte es keine Chaussee gegeben, wäre kein Chausseewärter in den Ort gekommen. Wäre kein Wärter gekommen, hätte es im Herbst 1875 nicht dieses Verbrechen gegeben.

Denn am 31. Oktober 1875 wird die Frau des Chausseewärters Johst tot aufgefunden. Ihr Sohn und ihre Schwiegertochter kehren an diesem Sonntag gegen Mittag aus Lübsee, wo sie die Kirche besucht haben, zurück und finden die Mutter tot in der Küche. Sie ist erschlagen worden, ihr Mann, der Chausseewärter, hält sich zu dieser Zeit in Schönberg auf. Die Zeitung *Allgemeiner Mecklenburger Anzeiger* berichtet am 7. November 1875 über die Tat: *»Der Mörder hatte, nachdem er der Frau mit dem Küchenbeile den Todesstreich in der Schläfe versetzt, mit demselben Beile in der*

Stube die verschlossenen Möbel erbrochen, alle Sachen durchgewühlt, jedoch an baarem Gelde nur 6 Thlr. gefunden und diese, sowie eine Uhr mitgenommen, während er eine Summe von mehreren hundert Thalern übersehen hatte. Die Angehörigen machten sofort Anzeige in Rehna, doch ist es bis jetzt leider nicht gelungen, des Mörders habhaft zu werden, obgleich die umfassendsten Maßregeln dazu sofort getroffen wurden.«
Die Fahndung nach dem Täter dauert Wochen. Zeugen werden befragt, Erkundigungen eingezogen, Dörfer durchkämmt. Schließlich führt ein Hinweis zu einem Mann, der bereits mehrfach straffällig geworden ist: zum Knecht Fritz Warnemünde aus Klütz. Er wird verhaftet, leugnet aber hartnäckig, den Mord begangen zu haben.

Doch das Criminal-Collegium Bützow, die Oberste Polizeibehörde in Mecklenburg-Schwerin, verurteilt ihn im Juni 1876 aufgrund von Indizien zum Tod. Es ist nach längerer Zeit wieder ein Todesurteil des Criminal-Collegiums. Aber der Verteidiger des Angeklagten legt Revision ein. Die Großherzogliche Justiz-Canzlei in Schwerin muss nun entscheiden.

Am 12. März 1877 findet die Gerichtsverhandlung in Schwerin statt. Die Zeitung *Wöchentliche Anzeigen für das Fürstenthum Ratzeburg* berichtet einen Tag später darüber:
»Bei dem großen Aufsehen, das dieser Mord im Lande erregte, hatte sich ein zahlreiches Publicum zu der Verhandlung eingefunden, die um 10 Uhr unter dem Vorsitze des Justiz-Canzlei-Direktors v. Scheve begann. Der Angeklagte war selbst bei der Verhandlung gegenwärtig. Er ward einem Verhör unterzogen. Der Antrag des Vertheidigers, des Advocaten Kuhrt aus Rostock, lautete auf Freisprechung des Inculpaten [...] und auf Rückverweisung der Sache wegen der zahlreichen, dem Angeklagten zur Last gelegten und von diesem mindestens eingestandenen, theilweise schweren Diebstähle an das Großherzogliche Criminal-Collegium, während der Criminalfiscal

— Wegen des am 31. October 1875 zu Rodüchelsdorf bei Rehna an der Ehefrau des dortigen Chausseewärters Johst verübten Raubmordes wurde, wie damals berichtet ist, der Knecht Fritz Warnemünde aus Klütz, ein schon vielfach bestrafter Verbrecher, von dem Großh. Criminal-Collegium zu Bützow im Juni des vorigen Jahres zum Tode verurtheilt. Der Angeklagte hatte gegen dies Erkenntniß das Rechtsmittel der Revision erhoben, und gestern fand die zweite Verhandlung über diesen Fall im Amtsgebäude zu Schwerin, aber vor der Großherzoglichen Justiz-Canzlei statt. Bei dem großen Aufsehen, das dieser Mord im Lande erregte, hatte sich ein zahlreiches Publicum zu der Verhandlung eingefunden, die um 10 Uhr unter dem Vorsitze des Justiz-Canzlei-Directors v. Scheve begann. Der Angeklagte war selbst bei der Verhandlung gegenwärtig. Er ward einem Verhör unterzogen. Der Antrag des Vertheidigers, des Advocaten Kuhrt aus Rostock, lautete auf Freisprechung des Inculpaten, mindestens auf Absolution von der Instanz wegen des Verbrechens in Rodüchelsdorf, und auf Rückverweisung der Sache wegen der zahlreichen, dem Angeklagten zur Last gelegten und von diesem mindestens eingestandenen, theilweise schweren Diebstähle an das Großherzogliche Criminal-Collegium, während der Criminalfiscal zur Nedden aus Bützow die Anklage in ihrem ganzen Inhalte aufrecht erhielt. Die Verhandlung dauerte bis nach 3 Uhr. Das Erkenntniß wurde alsdann von dem Gerichtshofe noch ausgesetzt. (M. A.)

Die »Wöchentlichen Anzeigen für das Fürstenthum Ratzeburg« berichteten am 13. März 1877 über den Fall.

zur Nedden aus Bützow die Anklage in ihrem ganzen Inhalte aufrecht erhielt. Die Verhandlung dauerte bis nach 3 Uhr.« Die Schweriner Justiz-Canzlei bestätigt das Todesurteil. Doch die Verteidigung gibt nicht auf und erreicht nach monatelangen Auseinandersetzungen, dass Großherzog Friedrich Franz II. den Knecht schließlich zu einer lebenslänglichen Zuchthausstrafe begnadigt.

Warnemünde wird am 6. Dezember 1877 in die Landesstrafanstalt Dreibergen bei Bützow gebracht, um seine Strafe zu verbüßen. Den Mord gesteht er nie.

Schwerin

Der heilige Kelch

Wie ein falscher Jesuit im 19. Jahrhundert Schatzgräberei betreibt

Friedrich Ludwig Carl Karow, 1793 in Redefin geboren, hat als Schlachter, Soldat, Steinhauer und Brückenbauer gearbeitet, ist geschäftsgewandt, aber verschleudert sein Geld immer wieder leichtsinnig. Er streift zügellos durch Mecklenburg, liebt das bequeme Leben – und nutzt Dummheit und Aberglauben der Leute aus.

Denn Karow behauptet, Schätze heben zu können. Die Bauern, Gastwirte und Schäfer reißen – den Reichtum vor Augen – ihre Nasen und Münder auf. Sie holen auf Geheiß Karows ein wenig Erde von den Stellen, an denen sie Schätze vermuten. Karow sieht sich die Erde in einem kleinen Spiegel unter mancherlei Gaukeleien an und bestätigt das Vorhandensein eines Schatzes.

Um Mitternacht erfolgt dann, in Gegenwart der Gutgläubigen, eine Geisterbeschwörung mit Gebeten und Anrufungen im Namen Gottes, Christi, der Erzengel und der Evangelisten. Diese Beschwörungen enden regelmäßig mit dem Auffinden einer – nachgemachten, anscheinend alten – Pergamentschrift, Karow verwendet dazu in Öl getauchtes Papier. In der Schrift stehen Nachrichten über den zu findenden Schatz und dass ein Blutopfer aus einem heiligen Kelch verlangt werde.

Die Gutgläubigen holen das zur Kaution für diesen Kelch geforderte Geld. Karow wählt dann zur Übergabe meist ein Haus oder einen Hof mit einem doppelten Eingang aus, um sich flugs mit dem Geld durch die Hintertür davonmachen zu können. Die Betrogenen bleiben verwirrt zurück.

Jahrelang betreibt er sein Spiel mit großer Lust und Schadenfreude, dabei schlüpft er immer wieder in die Rolle eines fremden, gelehrten Jesuiten. Denn er hat von seiner Mutter in Ludwigslust, einer Tochter des in Italien geborenen Hofmaurermeisters Vanoni, viele italienische und französische Redensarten gelernt, um Eindruck zu schinden. Dennoch – er treibt es einfach zu bunt – kommt Karow mehrfach für seine Betrügereien ins Zuchthaus nach Dömitz, so auch von 1834 bis 1837. In der Haft lernt er den Schlachter Carl Ludwig Theodor Bernitt kennen, der wegen Schlägereien und Diebstahls wieder einmal eine Strafe absitzt. Die beiden schmieden den Plan, nach ihrer Freilassung zusammen mit der Schatzgräberei ihren Lebensunterhalt zu bestreiten.

So sind sie im Sommer 1837 im Raum Güstrow unterwegs und erfahren, dass der Müller Kalb in Krassow und der Schäfer Harder in Sierhagen (heute Schlieffenberg) an

Auch in Schwerin betrieb Karow seine Betrügereien.

Schatzgräberei glauben. Die Opfer werden verleitet, Erde von verschiedenen Stellen zu bringen, Karow sucht mit einem Spiegel diejenige Stelle aus, an der das meiste Geld versteckt liege, worauf die nächtliche Geisterbeschwörung folgt. Um den in der gefundenen Schrift verlangten Kelch zu holen, reist Karow – auf Kosten des Müllers – zweimal nach Schwerin und teilt dann mit, dass für den heiligen Kelch eine Kaution von acht Louisd'or erforderlich sei.

Das Geld soll auf einer geheimen Zusammenkunft in dem mit einem Durchgang und zwei Torwegen versehenen großen Ehringhaus'schen Haus mitten in Schwerin gegen den Kelch getauscht werden. So geschieht es am Abend des 31. August 1837. Karow empfängt das Geld und übergibt eine verschnürte Schachtel – in der ein Stein liegt. Bevor der Schwindel auffliegt, verschwindet Karow durch die Hintertür.

Das Geld bringen er und Bernitt in Freuden- und Gasthäusern in Schwerin und Güstrow durch. Schnell sind sie wieder pleite. So folgen neue Betrügereien, zum Beispiel in Teterow, Krakow und Güstrow. Doch irgendwann werden die beiden in Güstrow verhaftet: Bernitt am 27. Dezember 1837, Karow am 11. Februar 1838.

Das Criminal-Collegium in Bützow verurteilt Karow wegen Betruges zu acht Jahren Zuchthaus, Bernitt bekommt vier Jahre. Drei ihrer Helfer erhalten geringere Strafen. Die Revision gegen die Urteile bleibt erfolglos, die Große Justiz-Canzlei in Rostock bestätigt die Strafen.

So endet die Schatzgräberei in Mecklenburg, ohne dass je ein Schatz gefunden wird.

Sülsdorf

Am Tag des heiligen Clemens

Der Mord an einem Kaufmann

Am 23. November 1398 ist ein Mann zwischen Dassow und Selmsdorf in Richtung Lübeck unterwegs. Er heißt Marquard Börzöw, wahrscheinlich handelt es sich um einen Kaufmann aus Greifswald. Der 23. November ist der Tag des heiligen Clemens, eines Papstes, der im Jahr 101 umgebracht wurde, indem man ihm einen Anker um den Hals band und ihn im Meer ertränkte. Sein Begräbnistag, der 23. November, wird darum auch Ankertag genannt.

Marquard Börzöw atmet tief durch, es ist kalt, der Hufschritt seines Pferdes hallt durch den Wald. Die Dämmerung setzt schon ein. Er muss sich beeilen, um noch vor Einbruch der Dunkelheit Selmsdorf zu erreichen, dort gibt es eine Herberge. Ein kräftiges Stück Fleisch, ein großer Humpen Bier und ein behagliches Feuer wären jetzt genau das Richtige für ihn. Geld hat er ausreichend dabei, um die Geschäfte in Lübeck erledigen zu können.

Der Sühnestein für Marquard Börzöw

Nebel kommt auf. Es ist totenstill zwischen den Tannen, der Weg wird jetzt morastig. Der Kaufmann lässt seinen Blick über die Bäume gleiten. Ihn fröstelt. Er zieht die Schultern hoch – und sieht sich um. Was war das eben für ein Geräusch? Er stoppt sein

Pferd. Hier stimmt doch etwas nicht. Er weiß, dass auf der nahen Ostsee Seeräuber ihr Unwesen treiben. Haben sie hier etwa ein Versteck? Ach was, Börzöw schüttelt den Kopf. Er sieht schon Gespenster. Alles ist ruhig, er muss einfach nur weiterreiten. Ja, riecht er nicht schon Rauch? Ganz in der Nähe muss sich ein Dorf befinden. Doch plötzlich zuckt der Kaufmann zusammen ...

Was dann genau geschieht – niemand weiß es heute mehr. Fakt ist, dass Börzöw bei Sülsdorf ermordet und später an der Stelle des Verbrechens ein großer Sühnestein, auch Mordwange genannt, aufgestellt wird. Dieser Gedenkstein muss von den Tätern oder ihren Angehörigen am Ort der Tat errichtet werden, er ist Teil der Buße, mit der die Verantwortlichen ihre Tat sühnen müssen. Manchmal sorgt auch die Familie des Opfers für einen Stein – er soll an ihr Familienmitglied erinnern.

Die große Mordwange, die heute noch bei Sülsdorf steht, ist vermutlich nicht mehr das Original, sondern eine spätere Anfertigung. Sie hat ein hufeisenförmiges Kopfstück und in der Mitte ein reliefartiges Kruzifix. Am Fuß des Steines steht eine Inschrift in gotischen Kleinbuchstaben: *»Orate deum pro marquardo bortzowen, qui obiit anno domini MCCCXCVIII ipso die clementis.«* Übersetzt heißt das: »Bittet Gott für Marquard Börzöw, der im Jahre 1398 am Tage des heiligen Clemens starb.« Der Sühnestein wurde zu DDR-Zeiten, er störte im Grenzstreifen, von seinem eigentlichen Standort, der vermutlichen Mordstelle auf einer Wiese, um 17 Meter in Richtung Sülsdorf versetzt.

Zwei Sagen greifen den Mord auf. In der ersten soll ein Lübecker Kaufmann, aus Dassow kommend, von zwei Räubern überfallen worden sein. Auf den Tag genau zehn Jahre nach dem Mord belauscht ein Mädchen an dieser Stelle die Täter, die sich über ihr Verbrechen prahlend unterhalten. Sie zeigt die Mörder an, sie werden ergriffen und

hingerichtet. Somit hat der Volksglaube, dass Verbrecher immer wieder an den Ort ihrer Tat zurückkehren, zur gerechten Strafe geführt.
Die zweite Sage erinnert an eine Wassermühle, die einst hier gestanden hat. Der Müller heißt Martens, er und seine Frau sind habgierige Leute und stehen in dem Ruf, Reisende, die bei ihnen übernachten, zu ermorden. Ihr einziger Sohn verlässt darum seine Eltern, kehrt aber nach vielen Jahren zurück. Er kommt eines späten Abends unerkannt als Fremder an und erzählt, dass er viel Geld bei sich habe. Erst am Morgen will er sich den Eltern zu erkennen geben. Doch als er in einer abseits gelegenen Kammer eingeschlafen ist, kocht seine Mutter Speckfett und gießt es dem ahnungslosen Schläfer in den geöffneten Mund. Als das Ehepaar die Leiche fortschaffen will, erkennt die Müllerin an einem Muttermal, dass sie ihren eigenen Sohn ermordet hat. Das Ehepaar wird für sein Verbrechen hingerichtet. Womöglich am Tag des heiligen Clemens, doch darüber gibt die Sage keine Auskunft.

Bei Sülsdorf geschah die Tat.

Wismar, Schimm

Der Bürgermeister Nicolaus Vinke

Als Kommunalpolitik noch tödlich endet

Ende des 14. Jahrhunderts machen Seeräuber die Ostsee unsicher, allen voran die Vitalienbrüder um den legendären Klaus Störtebeker. Sie kämpfen zuerst, ausgestattet mit Kaperbriefen, auf Seiten der Mecklenburger gegen Dänemark, später jedoch auf eigene Faust. Störtebeker, angeblich um 1360 in Wismar geboren, wird zu einem ihrer Anführer. Zusammen mit seinem Freund Gödeke Michels, der damals bekannter ist als er, überfällt Störtebeker die Koggen der Hanse – und wird dafür 1401 auf dem Grasbrook bei Hamburg hingerichtet. Die Kaufleute der Hanse atmen auf. Doch sie kommen nicht zur Ruhe, auch in Wismar nicht. Denn dort kämpfen jetzt die einfachen Handwerker für mehr Rechte im Stadtrat, gegen die reichen Patrizier. Die Spannungen wachsen. Ein Mann, der versucht, Recht und Ordnung aufrechtzuerhalten, ist Nicolaus Vinke. Er gehört seit 1399 dem Wismarer Stadtrat an, seit 1407 leitet er als Bürgermeister die Geschicke der Stadt.

Am 2. Juni 1409 ist Vinke bei dem kleinen Dorf Schimm südöstlich von Wismar unterwegs. Es ist der Trinitatistag, der Dreifaltigkeitstag, der erste Sonntag nach Pfingsten. Der »Goldene Sonntag« dient der Verehrung der Dreifaltigkeit: des Gottvaters, des Gottsohnes und des Heiligen Geistes. Besonders fromm geht es allerdings an diesem Tag nicht zu. Denn bei Schimm geschieht Ungeheuerliches. Männer lauern Nicolaus Vinke und seinen Begleitern auf, es kommt zu einem kurzen, blutigen Kampf. Die Angreifer sind in der Überzahl, sie schwingen die Säbel und Äxte, erschlagen den Bürgermeister und rauben dessen Gefährten aus.

Wer sind die Täter? Seeräuber, die zu Land ihr Unwesen treiben? Verarmte Adlige, die, seitdem sie durch Trunk und Spiel ihre Güter verloren haben, als Raubritter umherziehen? Oder gehören die Mörder vielleicht zu den Aufständischen in Wismar?

Es gibt keine genauen Überlieferungen, auch nicht über das eigentliche Mordmotiv. Nur soviel ist sicher: Einige Verdächtige werden aufgespürt und eingesperrt. Ihre Namen finden sich im Wismarschen *Liber proscriptorum*, dem Verfestungsbuch der Stadt: Otto Vereggen, fünf Mitglieder der Adelsfamilie Moltke, Hartich Reschynkel sowie ein paar Knappen und Mithelfer. Weitere Knechte sind noch auf freiem Fuß und sollen auch verhört werden.

Drei Namen fallen besonders auf und zeigen, dass die Tötung des Bürgermeisters kein gemeiner Raubmord, sondern kommunalpolitisch motiviert ist. Zu den Verhafteten gehö-

In Wismar war Nicolaus Vinke Bürgermeister.

ren die Ritter Heinrich und Henneke Reuentlowe sowie der Rostocker Bürgermeister Heinrich Witt. Sicherlich haben sie den Raubmord nicht selbst verübt, sondern ihn von ihren Knechten ausführen lassen, vielleicht von denen, die noch frei sind. War es ein Akt persönlicher Rache, war Vinke im Wege? Hatte er den Edelleuten zu stark auf die Finger geschaut? Sahen sie in seinem Sturz ihren Aufstieg? Das Wismarsche Archiv bietet nichts mehr, was diese Angelegenheit aufklären könnte. Nur soviel: Die Verantwortlichen müssen – zur Sühne – einen großen Gedenkstein am Ort ihrer Tat, am Weg von Schimm nach Jesendorf aufstellen, der an ihre Tat erinnert. Der Stein aus gotländischem Muschelkalk, etwa drei Meter hoch und zwölf Zentner schwer, soll dem Seelenheil des Getöteten dienen und zur Aussöhnung mit der geschädigten Familie führen. Auf ihm sind ein Gekreuzigter und ein Betender dargestellt, und es gibt eine lateinische Inschrift: *»Anno domini mccccix in die trinitatis obiit dominus Nicolaus Vinke proconsul ciuitatis Wismaryensis. Orate pro eo.«* Übersetzt heißt das: »Im Jahre des Herrn 1409 am Dreifaltigkeitstage starb Herr Nicolaus Vinke, Bürgermeister der Stadt Wismar. Betet für ihn.«
Der Stein steht viele Jahrhunderte an dieser Stelle, erst zu DDR-Zeiten kommt er – Schrift und Bilder sind durch die Verwitterung nur noch schwer zu erkennen – in das Kreisagrarmuseum Dorf Mecklenburg.
Im Dezember 1997 bringt man ihn in das Museum Wismar. Inzwischen befindet sich der Stein in der neuerrichteten Sakristei in der Kirche Jesendorf. Am Tatort steht jetzt eine hölzerne Gedenktafel, die dem Stein nachempfunden ist.

Wismar

»Was hab ich euch zu Leide getan?«

Ein Seeraub auf der Ostsee

Der Bootsmann Lorentz Mattießen stammt aus Svenborg auf Fünen. Im 16. Jahrhundert lebt er in Rostock. Er ist verheiratet, haust in einem Keller und ist – moralische Bildung hat er nie erfahren – dem Verbrechen gegenüber aufgeschlossen.

Eines Tages steht es in Gestalt des Jütländers Severin Olafsen auf zwei Beinen vor ihm. Olafsen spendiert Freibier und überredet den Bootsmann, mit ihm nach Wismar zu reisen: »Dort rauben wir eine Schute, segeln mit ihr fort und verkaufen sie. So kriegen wir Geld und Kleidung. Was hältst du davon?«

Mattießen überlegt nicht lange. »Gute Idee!« Zur Bekräftigung seiner Worte rülpst er, dass seinem Gegenüber die Haare wehen. Die beiden fahren nach Wismar.

Dort treffen sie auf einen Landsknecht, einen gewissen Paul, der ihnen allerdings einen anderen Plan vorschlägt: »Es gibt hier ein Schiff, da ist was zu holen. Die zwei Kerle, die drauf fahren, erledigen wir, nehmen das Geld und versenken den Kahn.«

Olafsen und Matthießen willigen ein. Das Schiff, um das es sich handelt, ist eine schwedische Schute. Sie wird von dem jungen Nyköpinger Kaufmann und Schiffer Samuel geführt. Von ihm lassen sich Olafsen als Steuermann und Mattießen als Bootsmann für eine Fahrt nach Nyköping anheuern. Dann kommt auch noch der Landsknecht hinzu, um als Passagier mitzufahren: »Ich habe meine Schute verloren, sie ist im Sturm vor Lübeck gesunken. Guter Mann, ich habe eine Frau in Trelleborg, die wartet. Sie müssen mich mit hinübernehmen. Ich will mir wieder eine Schute kaufen.«

Samuel – ahnungslos – willigt ein. So wird die Fahrt am Donnerstagabend nach Mariä Verkündigung (25. März) angetreten. An Bord ist, neben dem Kaufmann und den drei Verbrechern, nur noch ein dänischer Schiffsjunge. Die Ladung besteht aus vier Säcken mit Hopfen, einer halben Last Hering und einer halben Last Wismarer Bier.

Als man bis zu den äußersten Tonnen vor Wismar gekommen ist, geschieht die Tat: Der Schiffer und sein Bootsjunge werden von den Verbrechern über Bord geworfen. Der Schiffer hält sich noch am Takel fest. Olafsen schlägt ihm mit einem Eisenstab auf die Hände und den Kopf. Da ruft der Mann: »Was hab ich euch zu Leide getan, dass ihr mich umbringt? Verdammt sollt ihr sein!« Dann stürzt er in die dunkle See.

Derweil ringt Lorentz Mattießen mit dem Schiffsjungen. Er kann ihn nicht überwinden, denn der Junge ist zu stark. So springt der Landsknecht herbei und schlägt dem Jungen

In der Wismarer Bucht fand der Seeraub statt.

mit einem Eisenstab auf den Kopf. Das Opfer stürzt zu Boden und wimmert: »Oh ihr Kerle! Was hab ich euch zu Leide getan, dass ihr mich so schlagt und umbringen wollt!« Doch die drei kennen kein Erbarmen. Sie nehmen den Jungen und werfen ihn über Bord. Auch er ertrinkt.

Die Mörder brechen die Lade und die Kleiderkiste des Kaufmannes auf und teilen alles unter sich auf: Olafsen erhält Kleidungsstücke, ein Schwert und ungefähr 24 Gulden, Mattießen bekommt als der einzige Berufsschiffer unter den dreien das Seemannszeug und etwa 20 Taler, und Paul, der Landsknecht, nimmt die Wertsachen des Schiffers und über 20 Taler an sich. Nach der Teilung der Beute wird die Schute zwischen Poel und Neubukow in sieben Faden Tiefe versenkt, die Masten werden mit einem Beil abgeschlagen. Die Räuber fliehen mit dem Beiboot an Land und lassen das Boot dann treiben.

Der Anstifter und Haupttäter, der Landsknecht Paul, hat auf diese Weise offenbar schon öfter Seeraub betrieben. Denn er rühmt sich gegenüber seinen Kumpanen, dies sei nicht das erste Mal gewesen. Er habe bereits früher *»In der gestalt Leute vmbgebracht vnd Schiffe gesuncken«*, steht später in den Vernehmungsprotokollen.

Zwei der Mörder – Olafsen und Mattießen – werden gefasst und vor Gericht gestellt. Das Urteil lautet, *»daß man beiden Thetern Jedem zwei griffe mit der glonyenden zange thuen soll vnd [sie] darnach hinaußen fören vnd mit dem Rade vom leben zum tode brengen.«*

Am 19. April 1577 werden Severin Olafsen und Lorentz Mattießen in Rostock wegen Mordes und Seeraubes hingerichtet. Der Landsknecht Paul, der Anstifter und Haupttäter, entkommt seiner Strafe.

Wohlenberger Wiek

Schwarze Reichswehr

Der Mord an Helmuth Holtz 1923

Am 13. Juni 1924 steht in den *Mecklenburger Nachrichten*, einer in Schwerin erscheinenden Zeitung, diese kurze Mitteilung: »*Grevesmühlen, 11. Juni. In Wohlenberg am Strande wurde etwa 20 Meter vom Wasser entfernt eine männliche Leiche, die nach dem Befund schon seit Herbst dort gelegen haben muß, in stark verwestem Zustande gefunden. Da jegliche Ausweispapiere fehlten, konnten die Personalien nicht festgestellt werden.*«

Ermittlungen werden aufgenommen, Zeugen befragt, Hintergründe und Zusammenhänge recherchiert. Wer ist der Tote? Wer hat den Mann zuletzt lebend gesehen? Wer hat ein Interesse an seinem Tod? Nach einem halben Jahr führen die Ermittlungen schließlich zu konkreten Ergebnissen. Bei dem durch mehrere Kopfschüsse Getöteten handelt es sich um den Berliner Helmuth Holtz, der im Herbst 1923 nach Mecklenburg gekommen war. Der kaufmännische Angestellte hatte als Soldat im Ersten Weltkrieg gedient und danach in verschiedenen Freikorps (rechtsgerichteten paramilitärischen Organisationen, in denen sich aus dem Krieg heimgekehrte Soldaten zusammenfanden, die im zivilen Leben nicht mehr zurechtkamen) gekämpft. Nun wollte Holtz in Mecklenburg der Schwarzen Reichswehr beitreten, einem rechtsradikalen Geheimbund, der die Weimarer Republik bekämpfte. In der Gegend um Oberhof südöstlich von Boltenhagen an der Wohlenberger Wiek schloss er sich diesen Leuten an.

Anfang Dezember 1923 tauchten jedoch im Büro der Schwarzen Reichswehr in Schwerin von Holtz verfasste

Schriftstücke auf, die ihn verdächtig machten: Er äußerte sich darin negativ über andere Freikorps. Zugleich wurde bekannt, dass Holtz sich mit seinen früheren Kameraden zerstritten hatte. War er ein Verräter und spitzelte für die Kommunisten? Sollte man ihn in die Schwarze Reichswehr aufnehmen, um ihn besser beobachten zu können?
Doch bald wurde beschlossen, Holtz zu ermorden. Oberfeldwebel Karl Liczka rief zwei Getreue, den Maurer Johann Notzon und den Landarbeiter Johann Kalla, zu sich, die den Mord ausführen sollten. Holtz sei ein polnischer Spitzel, so Liczka, er habe *»grobe Schweinereien«* begangen und in Polen einen Deutschen wegen Erbschaftsstreitigkeiten erschossen. Jetzt müsse er dafür seine gerechte Strafe erhalten.
Die beiden Arbeiter hatten Bedenken. Die räumte Liczka aus, indem er sagte, der Befehl komme direkt von Eckhard

An der Wohlenberger Wiek wurde die Leiche im Juni 1924 gefunden.

Schoeler, Oberleutnant a. D., einem der Führer der Schwarzen Reichswehr. Liczka drückte dem Maurer Notzon eine Pistole in die Hand und forderte: *»Nun los!«*
Ende 1924 sind alle Verdächtigen verhaftet. Der Prozess gegen sie findet vom 6. bis 14. Juli 1925 vor dem Schwurgericht Schwerin statt. Gleich zu Beginn wird die Öffentlichkeit *»wegen Gefährdung der Staatssicherheit«* ausgeschlossen. Erst zur Urteilsverkündung wird sie wieder zugelassen. Während der Verhandlung kann nicht geklärt werden, wie und wann genau Helmuth Holtz ermordet worden ist.
Das Gericht unter Vorsitz des Landgerichtsdirektors Karl Buschmann, der später bei den Nationalsozialisten Karriere machen wird, hält drei Angeklagten zugute, dass sie als *»einfache Leute«* die politischen Verhältnisse und Wirren jener Zeit nicht durchschaut, *»sondern sich selber immer noch als Soldaten angesehen haben«*, die sich treu und gehorsam zu den Vorgesetzten der Schwarzen Reichswehr verhalten hätten, weil *»Verrat an der Sache der Organisation mit dem Tode«* bestraft worden wäre.
Dennoch verurteilt das Schwurgericht Notzon und Kalla am 14. Juli 1925 wegen gemeinschaftlichen Mordes sowie Liczka und Schoeler wegen Anstiftung zum Mord zum Tod. Zwei weitere Angeklagte erhalten Gefängnisstrafen.
Die zum Tod Verurteilten legen jeweils Revision ein, diese Revisionen werden alle am 3. Dezember 1925 verworfen. Vier Monate später jedoch, am 28. März 1926, wandelt das Mecklenburgische Staatsministerium die Todes- in lebenslängliche Zuchthausstrafen um. Das reichsweite Gesetz über Straffreiheit vom 14. Juli 1928 reduziert dann die Haft auf jeweils siebeneinhalb Jahre Gefängnis.
Im Juli 1929 schließlich werden Schoeler, Liczka, Notzon und Kalla durch eine von der NSDAP in Mecklenburg-Schwerin erzwungene Amnestie freigelassen. Später treten alle vier der Nazi-Partei bei.

Woosmer

Auf der Tannen-Anhöhe

Ein Raubmord in der Griesen Gegend

Am 9. April 1823 zieht ein seltsames Paar über die Sandwege der Griesen Gegend im Südwesten Mecklenburgs: der Landstreicher Johann Christian Jantzen, ein roher Geselle, der den Branntwein liebt, und seine Gefährtin Christine Sophie Louise Koch, ein niederträchtiges, sittenloses Weib, das ihren Lebensunterhalt noch nie mit ehrlicher Arbeit verdient hat.

Die beiden haben in der Nacht zuvor im Lübtheener Krug gesessen und dort eine Frau aus Hamburg kennengelernt: Johanna Friedrica Nicolaita Rümann, eine Durchreisende in vornehmer Kleidung und mit Geld in der Tasche.

Jetzt lauern die Landstreicher dieser Frau auf. Sie haben sich auf einer Tannen-Anhöhe unweit des Dorfes Woosmer versteckt und warten. Die Heide zwischen Lübtheen und Dömitz ist an diesem Tag trister als sonst, die Moore und Sümpfe liegen einsam da, durch die niedrigen Wälder weht ein kalter Wind. Die Landstreicher ziehen fröstelnd die Schultern hoch und blicken nach oben. Die Sonne versteckt sich hinter dicken Regenwolken.

Als die Hamburgerin des Weges kommt, springt Jantzen hervor und schlägt ihr mit einem knorrigen Weißdorn-Stock auf den Kopf, dass sie sofort ohnmächtig zu Boden sinkt. Seine Gefährtin Christine Koch, die ihn zu der Tat angestiftet hat, steht dabei und fragt: »Ist sie tot?«

»Nein, nur betäubt.«

»Dann schnell!« Die Vagabundin durchsucht die Taschen der Niedergeschlagenen, nimmt das Geld und raubt ihr schließlich noch etliche Kleidungsstücke. Jantzen steht dabei und sieht zu. Als die Koch fertig ist, zückt er ein Messer und sticht auf die Ohnmächtige ein, bis sie tot ist. Danach bringen die beiden die Leiche von der Landstraße fort in den Wald hinein und verwischen die Blutspuren. Die Kleidungsstücke werden größtenteils verkauft, das Geld aufgebraucht.

Doch die Mörder kommen nicht davon, sie werden schon bald gefasst und in einer mehrjährigen Untersuchung schließlich für schuldig befunden: *»Sie sind beide Kinder vagabundierender und ländischer Eltern und haben seit Jahren selbst auch nur ein vagabundierendes Leben geführt und ihrer Jugend selbst (Jantzen zur Zeit der That 24 Jahre und die Koch aber 27 Jahre alt) – keine bestehenden Milderungsgründe da sind«.*

Jantzen und Koch werden zum Tod verurteilt. Am 27. Juli 1828, über fünf Jahre nach der Tat, bestätigt das Großherzogliche Justizministerium das Urteil, *»da keine Begnadi-*

In der Nähe von Woosmer geschah 1823 das Verbrechen.

gung vom Richter empfohlen ist und wir auch keine besonderen Gründe in den Akten der Vertheidigung und der Verurtheilung gefunden, die uns dazu hatten bewegen können. Es sind daher nur die Verfügungen zu erlassen, welche das Urtheil ihre Vollziehung haben.« Auch der Großherzog bestätigt das Todesurteil, sodass die Vorbereitungen für die Hinrichtung getroffen werden. Die Exekution soll am 28. April 1829 in Bützow erfolgen, die beiden Verurteilten sitzen dort im Gefängnis des Criminal-Collegiums.

Doch drei Tage vor der Hinrichtung lässt Großherzog Friedrich Franz I. in Ludwigslust einen Brief verfassen: *»Wir haben […] Uns bewogen gefunden, die zum Tode Verurteilten Jantzen und Koch dahin zu begnadigen, daß die Todesstrafe ihnen erlassen, dagegen aber solche in lebenslängliche Zuchthausstrafe verwandelt«* wird. Der Großherzog verfügt, dass Jantzen und Koch in der Festung Dömitz *»äußerst mit Ketten verwahrt werden und jeder jährlich vom Tage der begangenen That öffentlich in aller Gefangenen Gegenwart 24 Peitschenhiebe erhalten soll.«*

Den Verurteilten wird ihre Begnadigung erst am Morgen der geplanten Hinrichtung mitgeteilt. Danach kommen sie nach Dömitz in Haft. Dort wird Jantzen wenig später schon wieder straffällig: Im Suff schlägt er einem Mitgefangenen mit einem Brett über die Brust, dass dieser betäubt zu Boden stürzt. Am Morgen danach sticht sich Jantzen mit einem Messer in die Brust, verletzt sich jedoch nicht lebensgefährlich.

Was danach aus ihm und seiner Gefährtin Christine Koch geworden ist, wir wissen es nicht.

Zapel
Feuer

Die Tat der Hildegard Zwack

Zapel ist ein kleines Dorf bei Crivitz, etwa 20 Kilometer südöstlich von Schwerin. Seit Jahrhunderten leuchten hier die Bauernhäuser wie weiße Flecken zwischen Wäldern und Wiesen, manche so stark gekalkt, dass einem bei ihrem Anblick die Augen schmerzen. Im Jahr 1944 wachsen auf den Feldern rund um Zapel Roggen und Weizen, auf den Höfen grunzen die Schweine und schnattern Gänse. Zu essen gibt es hier genug. Aber es ist Krieg – und im Dorf arbeiten Kriegsgefangene.

Hildegard Zwack lebt bei dem Bauern Hermann Warncke, dem die Hufe – die Bauernstelle – Nr. 4 gehört, im Kirchenweg 3. Sie arbeitet als Hausangestellte. Warncke hat die Vollwaise aufgenommen, denn Zwack, am 27. Dezember 1923 in Rostock geboren, hat bereits 1925 ihren Vater und 1933 ihre Mutter verloren. Durch Vermittlung des Bürgermeisters von Zapel ist das Mädchen zum Bauern Warncke gekommen. Sie muss schon als Kind – nachmittags nach der Schule – auf dem Hof mithelfen, sodass für die Hausaufgaben nur der Abend bleibt, sie schläft oft über den Schulheften ein.

Jetzt, 1944, dient die 20-Jährige auf dem Hof als Magd. Und da gibt es diesen Kriegsgefangenen, diesen Mann aus Frankreich. Er ist bei Warncke eingesetzt, arbeitet fleißig und sitzt, entgegen den Bestimmungen, beim Essen mit der Familie und den Beschäftigten an einem Tisch.

Wie entsteht Liebe? Welche unberechenbaren Wege hat sie zurückgelegt, wenn sie plötzlich über uns hereinbricht? Wer kann sich dann noch wehren? Ob der Franzose sich dem Mädchen nähert oder sie sich verliebt und ihre Zuneigung nicht erwidert wird, ist unklar. Jedenfalls ist der Franzose für die Scheune der Nachbarin, der Witwe Luise Bäckler, verantwortlich. Dort lagern die Ernte – 35 Fuder Roggen – und landwirtschaftliche Geräte.

Am Abend des 27. Februar 1944 legt Hildegard Zwack einen Brand – die Scheune der Nachbarin brennt vollständig nieder. Während der Löscharbeiten zündet sie zudem in der Scheune ihres Arbeitgebers ein mit Stroh gefülltes Fach an. Dieses Feuer wird jedoch sogleich bemerkt und gelöscht. Hildegard Zwack versucht, den Verdacht auf den Franzosen zu lenken. Ist es Rache? Wer hat hier wen seelisch verletzt? Am nächsten Morgen will sie nochmals die Scheune des Bauern Warncke in Brand setzen, Wut kennt kein Besinnen. Doch als die Ermittlungsbeamten auftauchen, bricht sie ihr Vorhaben ab.
Der Versuch, dem Franzosen die Tat anzulasten, misslingt, schnell wird die Magd selbst verdächtigt und nach Schwerin

In Zapel, im Kirchenweg, brannte die Scheune nieder.

in Untersuchungshaft gebracht. Man sperrt sie zusammen mit einer Gefängnisbeamtin in eine Zelle. Dieser Frau gesteht sie die Tat. Das nationalsozialistische Sondergericht beim Landgericht Schwerin verurteilt Hildegard Zwack darum am 26. April 1944 als »Volksschädling« zum Tod.
Die *Mecklenburgische Tageszeitung* (Güstrow), die *Parchimer Zeitung* und der *Niederdeutsche Beobachter* (Schwerin) berichten am 29. April 1944 stigmatisierend und gleichlautend:
»Wie der med. Sachverständige ausführte, ist die Angeklagte ein minderwertiger Mensch. Sie hat bereits in zahlreichen Fällen ihre Arbeitgeber bestohlen und keinen einwandfreien Lebenswandel geführt. Für ihre Taten ist sie voll verantwortlich. Sie hat durch die Brandlegungen die Widerstandskraft des deutschen Volkes geschädigt und sich dadurch aus der Volksgemeinschaft ausgeschlossen. Der Vorsitzer des Sondergerichts führte in seiner Urteilsbegründung aus, das deutsche Volk müsse davor geschützt werden, daß seine Erntevorräte, die es zum Durchhalten braucht, von verbrecherischen Händen vernichtet werden. Die Kriegsgesetze kennen daher für solche Elemente nur die Todesstrafe.«

Da in Schwerin keine Hinrichtungen möglich sind, wird Hildegard Zwack am Morgen des 2. Mai 1944 mit drei anderen zum Tode Verurteilten in einem Gefängnisauto nach Hamburg gebracht und dort am 24. Mai 1944 um 16 Uhr im Untersuchungsgefängnis am Holstenglacis vom Scharfrichter Alfred Roselieb mit dem Fallbeil enthauptet. Die Leiche wird auf dem Friedhof Ohlsdorf bestattet.

Am 28. Januar 1960 wird sie in eine Ehrenanlage umgebettet: Die in den dortigen Gräbern bestatteten Toten haben ein dauerndes Ruherecht.

Rostock und Umgebung

Bützow

Der untreue Diener

Ein Doppelmord im Wald

Am 27. Juni 1623 – mitten im Dreißigjährigen Krieg – holpert eine Reisekutsche durch Mecklenburg. In ihr sitzen der Demminer Bürgermeister Alexander von Harten und sein Diener Heinrich Hans Andreas von Driesen. Vorn auf dem Kutschbock schwingt der alte Kutscher Peter Wirow die Peitsche, um die Pferde anzutreiben.

Die Fahrt geht heimwärts nach Demmin. Der Bürgermeister ist geschäftlich in Mecklenburg unterwegs gewesen. In seinem Reisekoffer befinden sich wichtige Papiere und eine große Summe Bargeld, die er einem Demminer Bürger – als Erbteil eines verstorbenen Verwandten – mitbringen soll.

Kurz hinter Bützow taucht die Darnow auf, ein dunkler Wald, der sich von dem kleinen Dorf Wolken bis nach Oettelin hinzieht. Ein perfekter Ort für einen Überfall. Denn die Zeiten sind unsicher, der Krieg macht selbst aus einst wohlhabenden Handwerkern, Kaufleuten oder Adligen finstere, gesetzlose Burschen, die Reisende überfallen und bei Widerstand kein Erbarmen kennen. Aber auch hier? Wäre dann der Bürgermeister nicht in Bützow, wo er übernachtet hat, gewarnt worden? Hätte man ihm nicht einen anderen Weg empfohlen oder Geleitschutz gewährt? Nichts dergleichen ist geschehen.

Alexander von Harten nickt langsam ein, die Nacht war kurz, und die Reise hat an seinen Kräften gezerrt, die Verhandlungen waren mühselig. Der Wagen schaukelt über den Waldweg, ein Käuzchen ruft. Bringt das nicht Unglück? Nein, alles ist friedlich an diesem Sommermorgen kurz nach fünf Uhr.

Doch die Gefahr kommt nicht aus dem Wald, sie sitzt direkt in der Kutsche. Der Diener des Bürgermeisters, Heinrich von Driesen, sieht seinen Herrn, dessen Atemzüge tief und friedlich sind, an. Sein Blick ist sonderbar. Er zögert, schaut aus dem Fenster, horcht, was der Kutscher macht. Dann blickt er wieder zu dem Schlafenden – und entschließt sich zur Tat. In einer später aufgeschriebenen Sage wird sie so geschildert: »*Während Alexander von Harten noch so träumte, stürzte sich plötzlich, gleich einem Tieger, der schändliche Driesen auf den sorglos Schlafenden, und ehe dieser noch zur Besinnung kommen konnte, hatte Ersterer schon mit mordgierigen Händen dessen lose umgelegtes Halstuch erfaßt und zog aus Leibeskräften die beiden Enden desselben so fest und so lange zusammen, daß, ohne einen Laut von sich zu geben, Harten bald seinen Geist aufgeben mußte und erdrosselt dalag. – Als diese That vollbracht, galt es auch den auf dem Bocke noch immer im halben Schlafe nickenden Kutscher zu beseitigen. Eben so meuchlings überfiel er jetzt auch diesen, indem er*

Am Tatort erinnern ein Gedenkstein und eine Informationstafel an den Mord.

sich leise aus dem Wagen schwang und, schnell wie eine Katze auf den Bock kletternd, dem Arglosen das scharfe Messer in die Kehle stieß [...] Mit blutbefleckten Händen erbrach nun Heinrich Driesen, nach vollbrachtem Doppelmorde, den Koffer, steckte zu sich was er an Geld enthielt und eilte dann, schwer mit Raub beladen, von dannen.«

Wenig später entdecken vorbeikommende Arbeiter die Leichen und bringen die Tat sofort zur Anzeige. Doch der Mörder ist nicht zu fassen, die Darnow, der dunkle Wald, scheint ihn verschluckt zu haben. Die Opfer werden nach Demmin gebracht und dort unter großer Anteilnahme, Glockengeläute und Trauergesang auf dem Kirchhof beigesetzt.

Zur Erinnerung an den Mord stellt man am Tatort einen großen Sühne- oder Gedenkstein aus Granit auf. Die Inschrift erzählt den Vorfall und enthält den Wunsch nach gebührender Vergeltung. Knapp 200 Jahre später wird der Stein zweckentfremdet und dient von 1809 bis 1890 als Türschwelle im Gutshaus Wolken. Erst 1891 kommt er nach erfolgter Restaurierung wieder an seinen ursprünglichen Platz, dort ist er heute noch zu sehen.

Und der untreue Diener? Laut der Sage wird er doch irgendwann gefasst: *»Obgleich man – ungeachtet der vielen angestellten eifrigen Nachforschungen, sowol von herzoglich mecklenburgischer, als auch herzoglich pommerscher Seite, – erst nach langer Zeit des Mörders habhaft wurde, so entging er deshalb doch nicht seiner gerechten Strafe. Bald nach seinem Ergreifen wurde Heinrich Driesen lebendig geviertheilt und seine irdischen Ueberreste auf dem Schindanger verscharrt.«*

ELMENHORST

Das mausgroße Hündchen

Wie aus einer Frau eine Hexe gemacht wird

Anfang des Jahres 1667, es ist die Zeit nach dem Dreißigjährigen Krieg, ist Mecklenburg verwüstet, ganze Dörfer und Städte sind ausradiert und die Menschen desillusioniert. Die Einwohnerzahl des Landes ist während des Krieges von 300 000 auf 50 000 gesunken, der Glauben der Menschen an eine bessere Zukunft weicht dem Aberglauben, den niedrigen Instinkten und der Denunziation. Denn die Armut, das Sein, bestimmt das Bewusstsein.

Im Januar 1667 gesteht eine Frau aus Elmenhorst bei Doberan, sie heißt Tilsche Panzenhagen, wird der Zauberei verdächtigt und gefoltert, dass auch Anna Gribbenis aus Elmenhorst eine Hexe sei. Die Rostocker Hospital- und Kämmereiherren lassen die Beschuldigte deswegen festnehmen. Sie sitzt gerade am Spinnrad, ihre Unschuldsbeteuerungen nützen ihr nichts. Sie wird gefesselt zuerst ins Haus des Dorfschulzen und schließlich am 13. Februar nach Doberan gebracht. Die 60-Jährige betritt mit verhülltem Gesicht die Gerichtsstube und wird der Panzenhagen gegenübergestellt, die bei ihren Aussagen bleibt: »Ich habe der Anna vor acht Jahren auf dem Feld, als wir Tiere gehütet haben und sie über ihr Pech mit dem Vieh geklagt hat, das Zaubern beigebracht. Anna sollte ein mausgroßes Hündchen als Geist annehmen und einen Weidenstock mit einer Spruchformel benutzen.«

Tilsche Panzenhagen wird kurze Zeit später hingerichtet, das Verfahren gegen Anna Gribbenis jedoch fortgesetzt. Zwei Männer erinnern sich, dass die Bäuerin zwei seltsame rußschwarze Katzen besitze. Der Bauer Jochim Detloff sagt am 22. Februar aus, die Frau sei zwar zur Kirche gegangen, aber vor Jahren schon habe das ganze Dorf geredet, sie sei eine Zauberin und habe das Vieh verhext: »Weil jeder sie für eine Hexe hält, tue ich es auch.«

Es kommt heraus, dass Detloff mit der Familie der Angeklagten Streit hatte. Rächt er sich nun? Acht weitere Zeugen werden verhört, Klatsch und Tratsch kommen zum Vorschein. Der Dorfschulze Michel Kron berichtet zum Beispiel den Behörden, der Angeklagten sei nachts im Gefängnis in Elmenhorst eine schwarze Maus erschienen, habe sich in einen schwarzen Kerl verwandelt und sich zu ihr gestellt. Kron beruft sich dabei auf seinen Schwiegervater Jochim Detloff, der aber streitet alles ab, ein 15-jähriger Junge habe es ihm erzählt. Dieser will es von einem zehnjährigen Mädchen erfahren haben, das seine Mutter im Dorf besucht habe, jetzt aber wieder abgereist sei. Das Mädchen soll es in der Kate von Max Grote gehört haben. In Grotes Haus

In Elmenhorst lebte Anna Gribbenis.

hat man nie von einer Maus, die sich in einen Kerl verwandelt, gesprochen. Es ist eine haltlose Geschichte.
Die Rostocker Kämmereiherren und Hospitalvorsteher verhören Anna Gribbenis mehrfach, weitere Zeugen erzählen neue haarsträubende Geschichten. Weil die Bäuerin nicht gestehen will, wird sie schließlich am 7. August 1667 gefoltert. Der Henker entfernt ihr zuerst alle Haare vom Körper, bindet sie nackt auf die Folterbank, martert sie mit Fußschrauben, streut ihr brennenden Schwefel auf Beine und Brust, sticht ihr mit einer fingerlangen eisernen Nadel einen halben Finger tief zwischen die Schulterblätter und schlägt ihr mit einer Rute über den Bauch. Sie gesteht unter dieser Tortur die Zauberei und Buhlschaft mit dem Teufel und bezichtigt weitere Frauen der Hexerei. Tage später widerruft sie ihre Aussagen.
Darum wird sie am 23. September erneut gefoltert, und jetzt bricht der Henker ihren Widerstand. Auch in zwei gütlichen Verhören danach bejaht sie unter Tränen die ihr vorgeworfenen Straftaten: Ja, sie könne zaubern; ja, sie habe Unzucht mit dem Teufel, der ihr als mausgroßes Hündchen erschienen sei und sich dann in einen schwarzen Kerl verwandelte, getrieben; ja, sie habe mit seiner Hilfe Kühe getötet. Jetzt haben die Herren die Hexe, die sie wollen.
Man gewährt ihr eine »Gnade«: Anna Gribbenis wird am 15. Oktober 1667 vor dem Rostocker Steintor zuerst vom Henker erdrosselt. Erst dann verbrennt man ihre Leiche auf dem Scheiterhaufen.

Ribnitz-Damgarten

Hexenjagd

Wie Folter zur Wahrheitsfindung dienen soll

Im Jahr 1604 veröffentlicht der Rostocker Pastor Gryse eine Bibel fürs gemeine Volk. In ihr bezeichnet er die Wahrsagerei und Zauberei als *»Wurf einer teuflischen Sau«*. Folter sei das beste Mittel, in Hexenprozessen die Wahrheit herauszufinden.

Gryses Schrift hat Folgen: In ganz Mecklenburg setzt 1604 eine planmäßige Hexenverfolgung ein, so auch in Ribnitz. Dort wird schon bald ein altes Weib, Magdalene Kulemanns, der Zauberei bezichtigt. Unter der Folter bekennt sie sich schuldig und nennt zugleich eine Frau, die ebenfalls Zauberin sei: die Almersche.

Die Mitglieder des Gerichtes horchen auf: Ist die Almersche nicht schon früher beschuldigt worden, eine Hexe zu sein? Sie laden die Almersche vor und konfrontieren sie mit der Aussage der Gefolterten, erhalten aber keine Antwort.

So wenden sich der Ribnitzer Stadtvogt und das Gericht am 12. Juni 1604 an die Juristische Fakultät in Greifswald und bitten um Rat: Wie soll man mit den beiden Frauen verfahren? Die Greifswalder antworten: Der Almerschen könne Folter angedroht werden, wenn dies nichts nütze, dürfe sie gefoltert und dann erneut mit der Kulemanns konfrontiert werden. Man müsse herausfinden, welche giftigen Güsse und Tränke die beiden hergestellt hätten. Danach solle die Strafe ergehen.

Die Ribnitzer sind eifrig. Sie setzen Daumenschrauben und glühende Eisen ein und erreichen so die gewünschten Geständnisse, die Hexenjagd ist erfolgreich. Die beiden Frauen werden der Zauberei für schuldig befunden – und öffentlich auf dem Scheiterhaufen verbrannt.

Damit hätte das Problem für die Stadtväter gelöst sein können, ist es aber nicht. Die beiden Frauen haben nämlich auf ein weiteres Weib, die Schwiesowsche, hingewiesen, diese sei auch eine Zauberin. Man habe sie vor sechs Jahren selbst ausgebildet, Zaubersprüche und Tränke gelehrt und ihr den Teufel zum Buhlen gemacht.

So geht die Verfolgung weiter. Die Schwiesowsche, eine Fischerfrau, wird vorgeladen, erscheint aber nicht. Da wird ihrem Mann gedroht, er solle – bei einer Strafe von 20 Talern – sein Weib herbeischaffen. Doch die Fischerfrau flieht. Sie ist mit der Almerschen befreundet gewesen, hat sie – mit all ihrem Gut als Bürgschaft – aus dem Gefängnis holen wollen und ihr angeblich ins Gefängnis übermitteln lassen, sie solle gegen niemanden aussagen, auch nicht unter der Folter. Das macht sie in den Augen der Stadtväter sehr verdächtig. Die Schwiesowsche versteckt sich außerhalb der Stadt. Ihr Mann bringt ihr heimlich zu essen und zu trinken. Schließlich flieht sie nach Pommern, wandert unstet durch verschiedene Dörfer und hält sich in Barth auf.

Der Marktplatz in Ribnitz-Damgarten

Irgendwann wird sie ergriffen und nach Ribnitz gebracht. Ihr wird das Geständnis der Almerschen vorgelegt. Die Fischerfrau gesteht nichts, kann aber auch den Verdacht gegen sich nicht ausräumen.

Wieder holen sich die Ribnitzer in Greifswald Rat. Wie solle man weiter verfahren, fragen sie am 31. Oktober 1604 nach. Die Antwort: Die Schwiesowsche solle in Gegenwart des Scharfrichters und unter Heranziehung der Marterinstrumente noch einmal befragt werden, was sie mit der Almerschen gehabt und ob sie derselben Rat, Hilfe und Unterstützung bei ihren Übeltaten geleistet habe. Danach solle das Urteil gefällt werden. Die Ribnitzer folgen dieser Empfehlung. Aber die halsstarrige Fischerfrau gesteht nicht. Am 10. November berichten die Ribnitzer dies wiederum nach Greifswald.

Doch auch die Schwiesowsche wehrt sich. Sie schreibt an den mecklenburgischen Herzog, entschuldigt sich für ihre Flucht und bittet um freies Geleit. Der Fürst fordert einen genauen Bericht beim Ribnitzer Rat an und befiehlt dann die Verfolgung. Die Schwiesowsche sei immerhin schon früher der Zauberei beschuldigt worden und habe dies auf sich sitzen lassen. Ist das ihr Todesurteil?

Die Rettung kommt unverhofft aus Greifswald, denn die dortigen Juristen empfehlen: Da die Fischerfrau auch unter Androhung der Folter nichts bekannt habe, zudem nicht durch Indizien oder Zeugnisse überführt worden sei, solle sie aus dem Gefängnis entlassen werden.

Der Mut der Schwiesowschen wird so belohnt. Sie kommt davon.

Ribnitz-Damgarten

Hundsgemein

Wie ein Köter den Herzog ärgert

Anfang Januar 1612 entspinnt sich eine heftige Fehde zwischen dem mecklenburgischen Herzog Johann Albrecht II. und dem Rat zu Ribnitz. Als der Herzog am 3. Januar zu einer Jagd auf seinem an die Ribnitzer Stadtwiese grenzenden Gebiet rüstet, erfährt er, dass dort ein Hund sein Unwesen treibt. Der Rüde des Ribnitzer Ratsdieners Ties Piel sei in die fürstliche Heide gelaufen, habe das fürstliche Wild vergrämt und dazu noch im Walde dem herzoglichen Jagdmeister die amtliche Hose zerrissen. Ein aktives Tierchen.
Der Fürst ist erzürnt. Jagdmeister und Landreiter erhalten den Befehl, den Ratsdiener Piel festzunehmen und – lebendig oder tot – nach Güstrow in die herzogliche Residenz zu bringen. Doch der Ratsdiener, der wie sein Hundchen offenbar eine gute Nase hat, bekommt Wind von der Sache und lässt sich nicht fangen. Er flieht flugs in die Recknitzwiesen, versteckt sich, flüchtet schließlich auf pommersches Gebiet und ist wie vom Schilfhalm verschluckt.
Der Herzog ergrimmt daraufhin heftiger. Mehrmals fordert er vom Ribnitzer Bürgermeister Diederich Enoch die Auslieferung des Pielschen Hundes. Aber auch das Tier ist flüchtig. So befiehlt der aufgebrachte Fürst unter Androhung von schweren Strafen dem Ribnitzer Rat, ihm augenblicklich Hund und Diener herbeizuschaffen.
Die treuen Untertanen suchen verzweifelt. Wo um Herzogs Willen stecken die Übeltäter? Nach drei Tagen schließlich wird der Hund gefangen, doch der Ratsherr, der ihn nach Güstrow bringen soll, weigert sich zu reisen. Er fürchtet den Zorn des Fürsten und will als Bote nicht zum Büßer wer-

den. Schließlich erklärt sich der Stadtsekretär Caspar Warwegk bereit, den Hund zum Landesherrn zu schaffen. Durch zwei Träger am Strick gefesselt, wird das Tier nach Güstrow gebracht.

Der Herzog will den Köter sofort köpfen lassen, doch sein tierfreundlicher Jagdmeister rettet – obwohl ihm der Rüde ja vor einigen Tagen die Hose vom Beine gezerrt hat – dem unschuldig dreinblickenden Tier durch wackere Worte sein Hundeleben. Dafür erhält der Ribnitzer Bote den Auftrag, man solle umgehend den Ratsdiener Piel fangen und vorführen. Doch das ist nach wie vor ein Problem. Denn Ties Piel ist ja nach Pommern entflohen und gibt keinen Laut von sich. Die Ribnitzer beruhigen den Herzog durch eine

Johann Albrecht II. im Jahr 1635 (Gemälde von Daniel Block)

Bittschrift: Man wolle sofortige Nachforschungen anstellen, die Mitnahme von Hunden in die Nähe der fürstlichen Heide sei ab sofort verboten und der Ratsdiener werde, sollte er ergriffen werden, sofort bestraft. Er habe zwar vor seiner Flucht angegeben, der Hund sei ihm gegen seinen Willen entlaufen, als er auf dem Weg nach Körkwitz gewesen sei, aber das lasse man nicht gelten. Die Behauptung, der Rüde sei ihm bereits vor dem Rostocker Tor enteilt und habe sich auch im Dorfe mit Hilfe der Bauern nicht fangen lassen, sondern sei sofort im Walde verschwunden, glaube man dem Ratsdiener nicht. Hochwürden würden umgehend Nachricht erhalten, sollte man den Frevler ergreifen.
Damit lässt sich der Fürst, das Landesherrchen, vorläufig besänftigen, auch durch den Überbringer der Bittschrift, den zur Untersuchung der Angelegenheit nach Ribnitz entsandten Hauptmann Gerd von Kollen. Kollen ist von den Ribnitzern mit einer halben Last Bier (960 Liter) und 24 Scheffel Hafer (480 Kilogramm) bestochen worden, damit er für sie ein gutes Wort einlegt.
Noch im selben Jahr sendet die Stadt – um den Herzog endgültig zu beruhigen – zur Geburt eines Sohnes die besten Glückwünsche und liefert zwei Last Bier (3840 Liter), 24 Scheffel Hafer und einen fetten Ochsen nach Güstrow. Johann Albrecht II. nimmt das Geschenk in Gnaden an und macht den Ribnitzern ein Gegengeschenk: zwei Taler. Einige Zeit später schickt der Landesherr noch ein Schreiben, in dem er erneut darauf hinweist, Ties Piel zu ergreifen und nach Güstrow zu bringen. Vorerst solle jedoch sein Hab und Gut beschlagnahmt werden. Der Rat dankt untertänigst, gelobt, den Befehl sofort auszuführen und lässt tatsächlich am 7. Januar 1615 den Pielschen Hausrat öffentlich verkaufen. Der schlaue Ratsdiener aber lässt sich nicht fangen. Er kehrt nie wieder nach Ribnitz zurück. Die hundsgemeinen Mecklenburger können ihm den Buckel runterrutschen.

Gerädert vor dem Petritor

Der Raubmörder Peter Pipelock

Im Winter 1551, etwa 14 Tage vor Fastelabend, stapfen zwei Männer über das Eis des Boddens nach Althagen. Es sind finstere Gestalten mit langen Bärten und knolligen Nasen, die Männer sind verschlagen bis in die Haarspitzen. Ihre Namen stehen in den Akten: Jürgen Stenkelre und Hinrich N., der Nachname des zweiten Mannes wird nicht genauer genannt. Die beiden wollen zu Peter Pipelock, von dem sie gehört haben, er sei ein brauchbarer Mann, brauchbar zu krummen Geschäften. Pipelock hält sich bei seinem Bruder in Althagen auf.

Die beiden treffen sich mit Pipelock: »Wir wollen in Greifswald ein Schiff kaufen und dich als Schiffer darauf setzen. Was hältst du davon?«

Pipelock ahnt, dass die Sache faul ist und sagt lauernd: »Das ist eine gute Idee. Wann soll der Kauf vonstattengehen?«

Die Männer grinsen und raunen: »Bald. Bald schon.« So reisen die drei ab. Sie gehen über das Eis des Boddens nach Barth und überschreiten die Grenze von Mecklenburg nach Pommern.

In Pommern aber ändern sie ihre Richtung, überschreiten, wiederum auf dem Eis, die Recknitz bei Damgarten und kommen so nach Kuhlrade, wo sie im Dorfkrug mit drei anderen Männern zusammentreffen: mit Herrn Bützow aus Ribnitz, mit Peter N., der einen grünen Mantel trägt und ein braunes Pferd reitet, sowie mit Joachim, der einen schwarzen Ledermantel und einen schwarzen Klepper besitzt. Nach einer kurzen Begrüßung gehen alle sechs nach draußen, um nicht belauscht zu werden. Am Zaun reden Jürgen

Stenkelre und der schwarze Joachim auf Peter Pipelock ein: »Da gibt es eine gute Sache hier ganz in der Nähe. Die wird uns wohl über ein Jahr weiterhelfen.«
Pipelock macht große Augen.
»Bist du dabei? Einen Mann wie dich können wir brauchen. Was willst du haben, wenn du uns hilfst?«
Pipelock gibt keine Antwort. Er lauert, wartet ab. Wie gefährlich ist das Ganze? Was bieten sie ihm an? Schließlich sagen die beiden: »Wir haben Hinrich vier Gulden versprochen. Soviel sollst du auch haben.« Daraufhin willigt Pipelock ein und schwört, niemandem von der Sache zu erzählen. Er kennt solche Geschäfte schon.
Bei Sonnenuntergang brechen die Männer auf. Sie ziehen zu Pferde und zu Fuß von Kuhlrade nach Vogtshagen. In der Nacht brechen sie – wie verabredet – in der Roggentin'schen Wohnung ein, die alleinstehende Hausfrau wird

Die Rostocker Petrikirche – vor dem Petritor wurde Pipelock hingerichtet.

überwältigt, geknebelt und gefesselt. Die Männer durchsuchen die Zimmer, schlitzen die Betten auf und werfen das Geschirr aus den Schränken. Schließlich finden sie die Ersparnisse der Witwe. Die Augen der Verbrecher glänzen und ihre Nasen zucken. Sie eilen mit dem gestohlenen Geld nach Poppendorf. Dort teilen sie den Raub und trennen sich. Niemand weiß, wer die Räuber sind. Niemand verfolgt ihre Spur. Peter Pipelock kehrt mit den erbeuteten vier Gulden zu seinem Bruder nach Althagen zurück.

Kurze Zeit später ist Pipelock wieder unterwegs. Ehrliche Arbeit kennt er nicht, Schwielen an den Händen mag er nicht. Als Mitglied einer achtköpfigen Bande bricht er lieber nachts bei einem reichen Bauern in Pommern ein. Sein Anteil an der Beute: fünf Mark.

So geht es noch zwei Jahre weiter. Immer wieder ist Pipelock bei Einbrüchen und Diebstählen dabei, bei Straßenräubereien und Raubmorden. Er begeht sie zwischen Rostock und Ribnitz zusammen mit anderen Banditen. Doch irgendwann wird er gefasst. Unter der Folter gesteht er folgende Verbrechen: Herbst 1550: Raubmord in der Ribnitzer Heide an einem Mädchen, Catharina, aus Wilmshagen, Ertrag: 3,50 Mark. Herbst 1551: Raubmord an einem Mann am Stromgraben, Ertrag: fünf Gulden. 1552: Raubmord an einem Schuhknecht, Hinrich N., bei der Landwehr vor Ribnitz, Ertrag: 18 Mark. Außerdem – ohne Jahr – die Beraubung eines Fischfahrers in der Ribnitzer Heide, Ertrag: sechs Mark.

Für seine Taten wird Peter Pipelock zum Tod verurteilt. Im Jahr 1553 wird er vor dem Rostocker Petritor gerädert. Das ist eine furchtbare Strafe, bei dem ihm Arme und Beine gebrochen werden, er auf ein Wagenrad geflochten wird und unter grausamen Schmerzen stirbt.

Rostock

Die Pferde des Dänen

Ein Diebstahl im 16. Jahrhundert vor den Toren der Stadt

Wenn Stadtwächter, die Beschützer der Stadtmauer, straffällig werden, erscheint dies als besonders verwerflich. In alten Gerichtsakten erscheinen aber auch sie immer wieder als Anstifter und Nutznießer von Diebereien, so auch in alten Rostocker Protokollen.

Im 16. Jahrhundert braucht der Blankenhagener Pastor ein stattliches Pferd, nicht um vor der Reformation davonzureiten, nein, er braucht es, um sein stattliches Gesäß, das gewaltige Ausmaße angenommen hat, bequem von Blankenhagen nach Rostock und zurück transportieren zu lassen. Darum hat der Pastor den Neffen seines Küsters, den Schneidergesellen Hinrich Plate, gebeten, ihm doch in Rostock einen prächtigen Gaul zu besorgen, der fortan Bibel, Gesangbuch und Gottesmann mit flinken Hufen und fröhlich schnaubenden Nüstern durch die Gegend tragen soll.

Davon hört Paschen Ribbeke, der Stadtwächter auf der Petri-Zingel, der Ringmauer an der Rostocker Petrikirche. Ribbeke beginnt zu überlegen. Er weiß, dass ein Däne vor der Stadt eine Reihe von Pferden auf der Weide grasen lässt. Kann man nicht ein paar dieser Tiere stehlen und dem Pastor eins davon zu verkaufen? Ja, das ist ein guter Plan.

Mit rhetorischem Geschick macht sich der Stadtwächter an den Schneidergesellen heran: »Hinrich, ich könnte dir helfen, dass dein Pastor ein prächtiges Pferd bekommt. Billig und gut. Hier gibt es nämlich einen Dänen, der hat ein paar Pferde auf der Wiek. Da könnten wir wohl ein paar bekommen, mit denen wir wegreiten. Glaub mir, da bellt kein

Hund danach.« Dem Schneider kommt die Sache bedenklich vor. Doch Ribbeke zerstreut dessen Zweifel. Er schwört, er werde, selbst wenn er verhaftet und gefoltert wird, nicht gegen ihn aussagen: »Hinrich, du kannst dich beim Verkauf des Gaules an den Pastor ganz ruhig auf mich berufen. Ich werde bestätigen, dass du das Tier ganz legal hier auf dem Petridamm gekauft hast.«

Der Diebstahl von Pferden ist zu dieser Zeit recht gefährlich. Pferde machen das Hauptbesitztum der Bauern aus, ohne die Tiere können sie ihre ganze Wirtschaft nicht betreiben. Dieben ergeht es daher schlecht: Sie werden von den wackeren Landleuten mit derben Knüppeln und Spießen erschlagen und erstochen und irgendwo im Busche oder am Wege verscharrt.

Doch schließlich willigt Hinrich Plate ein. Paschen Ribbeke reibt sich die Hände. Er macht den Schneider genau mit den Örtlichkeiten bekannt, bringt ihn vor eine von ihm bereits geöffnete Pforte, zeigt ihm im Zingelgraben eine

Auf den Wiesen östlich des Petri-Kirchturms wurden die Pferde gestohlen.

Furt, durch die er hinüberreiten kann und ermuntert ihn schließlich noch einmal: »Geh man stracks hin und nimm zwei Pferde von der Weide und reite damit durch den Hoppenhof davon. Ich halte die Pforte offen. Der Däne ist fremd hier. Wenn er seine Pferde vermissen sollte, so kann er nicht nachfragen und nachforschen. Nach ein paar Tagen ist die Sache vergessen. Dann komme ich dir nach.« So scheiden sie voneinander.

Hinrich Plate wartet bis zum Abend. Um 21 Uhr dann schleicht er zur Weide, stiehlt dem Dänen zwei Pferde und reitet damit kurzerhand durch die auf Paschen Ribbekes Anordnung weit offenstehende Pforte und über den Zingelgraben davon, wobei ihm noch ein drittes Pferd folgt, das er natürlich auch noch mitnimmt. Wenn die Viecher schon so dumm sind.

Ein Tier verkauft er wie verabredet an den Blankenhagener Pastor. Und zwar für acht Gulden, wovon ihm sechs gleich ausbezahlt werden, die er beim Küster, seinem Onkel Jürgen Plate, in Verwahrung gibt. Das zweite Pferd bringt er zum Vogt des Gutsbesitzers Christoffer von der Lühe nach Kölzow, mit dem dritten reitet er – sich auf Ribbekes Worte verlassend – unverfroren von Kölzow wieder auf Rostock zu. Dreistigkeit ist des Diebes erste Pflicht.

Der Stadtwächter hat sich jedoch verrechnet. Der Däne hat mit zwei Begleitern sofort die Verfolgung des Diebes aufgenommen und ihn schließlich unweit von Poppendorf erwischt. Der Schneider wird ins benachbarte Hospitalgut Cordshagen gebracht, von dort nach Rostock überführt und muss seine Tat mit dem Strang büßen.

Paschen Ribbeke kann sich rechtzeitig durch Flucht retten, denn über ihn findet sich nichts weiter in den Akten. Die Ringmauer an der Rostocker Petrikirche wird fortan von einem anderen – zuverlässigen – Stadtwächter bewacht.

Rostock
Arsenik

Ein Justizirrtum

Der Tischlermeister Carl Ludwig Wendt, 1785 in Anklam geboren, ist ein ordentlicher und fleißiger Mann. Nach seinen Lehr- und Wanderjahren hat er sich 1814 in Rostock niedergelassen, die städtischen Bürgerrechte erlangt und eine Frau namens Küchenthal geheiratet. Das Paar hat drei Kinder und lebt zunächst friedlich zusammen. Im Laufe der Zeit treten jedoch Streitigkeiten auf, die Nachbarn und Bekannten nicht verborgen bleiben. Die Ehefrau macht dem Tischler Vorwürfe, er behandle sie schlecht. Sie verhält sich oft boshaft, zittert dabei vor Wut und beklagt sich bei Freundinnen über ihren Mann. Wendt selbst knirscht mit den Zähnen und wird schon mal handgreiflich. Denn für zusätzlichen Zwist sorgen seine Mutter und die Mutter seiner Frau, die ebenfalls in Rostock leben und mit ihren Bemerkungen den Alltag pfeffern. Schließlich kommt es zu merkwürdigen Todesfällen.

Im Januar 1830 erkrankt die Mutter des Tischlermeisters plötzlich, sie erbricht sich ständig – und stirbt nach wenigen Tagen. Weil niemand ein Verbrechen vermutet, wird sie nicht obduziert. Einige Monate später, am 21. Oktober 1830, reist Wendt nach Anklam, um sich Erbschaftsdokumente zu besorgen. Während seiner Abwesenheit erkranken am 25. und 26. Oktober neun Personen, die in seinem Haus in Rostock leben und arbeiten: seine Ehefrau, seine Tochter, drei Gesellen, zwei Lehrburschen sowie die Schwiegermutter Wendts und eine Wäscherin. Sie alle leiden, nachdem sie vom selben Kaffee getrunken haben, unter Übelkeit und Erbrechen. Während acht Personen wieder gesund werden, stirbt die Ehefrau des Tischlers am 30. Oktober 1830. Die Ermittlungen ergeben, dass der Kaffee mit Arsenik versetzt worden ist. Arsenik ist ein Gift, es wird schon seit der Antike zum Morden benutzt, in Frankreich heißt es »Erbschaftspulver«.

Wer ist der Täter? Der Meister selbst? Vor einigen Jahren hat er sich Arsenik als Rattengift besorgt, hin und wieder ausgestreut und den Rest in einem Schrank im Haus verwahrt.

Der Tischler wird von einem seiner Lehrburschen schwer belastet: dem 18-jährigen Franz Christian Heeser. Der sagt aus, Wendt habe seine Frau umgebracht. Später ändert Heeser seine Angaben: Er selbst habe im Auftrag des Meisters Gift in den Kaffee geschüttet. Darauf wird Wendt am 19. März 1831 verhaftet und immer wieder verhört. Irgendwann hält er dem psychischen Druck der Befragungen nicht

In Rostock geschah 1830 der Giftmord.

mehr stand, gesteht den Mord an seiner Frau mehrmals, widerruft jedoch immer wieder: Der allmächtige Gott sei Zeuge seiner Unschuld.
Inzwischen erweitert der Lehrbursche, der ebenfalls in Haft ist, seine Anschuldigungen. Der Meister habe im November 1830 sein eigenes Haus angezündet, um vom Mord abzulenken, und zuvor habe er auch schon seine eigene Mutter vergiftet. Ist Wendt ein Mehrfachmörder? Um dies festzustellen, wird die Leiche seiner Mutter im Oktober 1831 exhumiert und obduziert. Doch Arsenik findet man nicht.
Derweil verstrickt sich Wendt, weil er sich aufgegeben hat, weiter in Widersprüche – und steht als Lügner da. Sein Lehrbursche Heeser ändert laufend seine Anschuldigungen. Doch ihm glaubt das Rostocker Wettgericht, das die Untersuchung führt, mehr als dem Tischlermeister. Zur Sicherheit holt sich das Gericht Hilfe bei der renommierten Göttinger Juristen-Facultät. Die Göttinger sichten die Akten – und verurteilen Wendt 1834 wegen Mordes an seiner Frau, versuchten Mordes an acht weiteren Personen und Brandstiftung zum Tod durch das Rad. Nur vom Mord an seiner Mutter wird er freigesprochen. Der Lehrbursche Heeser erhält eine lebenslängliche Zuchthausstrafe.
Wendt legt Revision ein. 1836 spricht ihn die Heidelberger Juristen-Facultät – nach denselben Akten – frei, nur nicht von dem Mord an seiner Frau. 1838 schließlich endet das Verfahren vor dem Oberappellationsgericht Parchim: Wendt wird für völlig unschuldig erklärt, die Kosten der Verfahren werden ihm erlassen. Seine Klage auf Schadensersatz – er ist nach acht Jahren Verfahrensdauer wirtschaftlich und gesundheitlich ruiniert – wird jedoch abgewiesen.
Ein Jahr später gesteht der Lehrbursche Franz Christian Heeser seine alleinige Täterschaft. Er habe sich an seinem Meister rächen wollen, weil der so streng gewesen sei. Heeser bleibt dafür lebenslänglich im Zuchthaus.

Rostock
Hoffmanns Erzählungen

Die Ermordung der Opernsängerin Frieda Barthold

Die Oper »Hoffmanns Erzählungen«, komponiert von Jacques Offenbach, wurde 1881 in Paris uraufgeführt. Das Musikdrama handelt vom deutschen Schriftsteller E.T.A. Hoffmann, der wehmütig von seinen drei früheren Geliebten erzählt. Eine von ihnen, die kranke Antonia Crespel, starb, nachdem sie sich beim Singen verausgabt hatte. Es ist eine Oper, in der Wahn und Wirklichkeit ineinanderfließen, in der Figuren aus Hoffmanns geschriebenen Geschichten lebendig werden und den Autor narren. Zuletzt bleibt ihm nur eine Geliebte: seine Dichtkunst, die Muse, die ihm kreative Kraft verleiht und Trost spendet. Sie hat eifersüchtig alle wirklichen Frauen aus seinem Leben vertrieben.

Das wirkliche Leben. Am Abend des 25. März 1909, einem Donnerstag, sollen »Hoffmanns Erzählungen« im Rostocker Stadttheater aufgeführt werden. Das Theater, ein prächtiger Neorenaissancebau aus dem Jahr 1895, steht an der Neuen Wallstraße (heute Ernst-Barlach-Straße) südöstlich des Steintores. Die Opernsängerin Frieda Barthold soll im dritten Akt auftreten und die Partie der Antonia Crespel singen. Doch dazu kommt es nicht. Der wirkliche Tod kommt dem Tod auf der Bühne zuvor.

Frieda Barthold, 31 Jahre alt, wohnt in unmittelbarer Nähe des Theaters in der Steinstraße 16, ihre Wohnung liegt im zweiten Stock. Kurz nach 17 Uhr klopft es an der Tür. Frieda Barthold sitzt gerade mit einer Freundin, der Opernsängerin Lilly Böttcher, zusammen. Böttcher öffnet, draußen steht eine Frau, die zwei Briefe an Frieda Barthold übergeben will. Sie wird eingelassen, und während die Freundin zur Hauswirtin geschickt wird, um Kaffee zu besorgen, fallen in der Wohnung der Opernsängerin leise Schüsse. Als die Freundin zurückkommt, verlässt die Fremde die Wohnung mit den Worten: *»Ich gehe jetzt zur Polizei.«* Frieda Barthold liegt tot im Zimmer – von fünf Revolverkugeln am Kopf getroffen.

Die Täterin kann noch am Bahnhof gestellt werden. Sie sitzt bereits im Zug, wird aber, bevor dieser um 18.05 Uhr nach Berlin abfährt, im Abteil verhaftet und zur Großherzoglichen Staatsanwaltschaft gebracht. Bei der anschließenden Vernehmung stellt sich heraus, dass es sich um die Modistin Auguste Zobel aus Berlin handelt. Sie gibt die Tat unumwunden zu. Ihr Motiv: Eifersucht.

Der bühnenreife Mord sorgt für großes Aufsehen, nicht nur in Mecklenburg, sondern in ganz Deutschland und auch international. Der *Rostocker Anzeiger* titelt am 26. März 1909 *»Mord aus Eifersucht«*, die *Berliner Illustrirte Zeitung* schreibt am 1. April *»Rostocker Schauspielerin Frida Barthold*

Blick durch das Rostocker Steintor in die Steinstraße.
Im Haus Nr. 16, das nicht mehr existiert, wohnte Frieda Barthold.

von eifersüchtiger Rivalin erschossen«, auch das Pariser *Le Petit Journal* (27. März) und sogar der Neuseeländer *Auckland Star* (15. Mai) berichten.

Frieda Barthold, zuvor an der Königlichen Oper Berlin, war seit September 1908 am Rostocker Stadttheater engagiert. Sie stammte aus Stettin, besaß eine schön geschulte Sopranstimme und war beim Publikum sehr beliebt. In Berlin hatte sie sich 1902 mit einem Mann verlobt, Waldemar Koch, einem Hochstapler, der Betrügereien beging, ins Ausland floh und viele Liebschaften pflegte, auch mit Auguste Zobel. Eine Zeit lang hatte Koch mit der Zobel in Paris zusammengelebt und ihr dort die Ehe versprochen. Dafür wollte er das Verlöbnis mit Frieda Barthold lösen, was er jedoch nicht tat. So tötete die Zobel, krankhaft eifersüchtig, schließlich ihre Konkurrentin.

Am 7. Oktober 1909 beginnt vor dem Schwurgericht Güstrow der Prozess gegen Auguste Zobel. Zuschauer und Journalisten drängen sich auf den Plätzen, an drei Verhandlungstagen werden Zeugen und Sachverständige gehört und das Geschehen rekonstruiert. Am Ende wird Auguste Zobel wegen Mordes zum Tod verurteilt. Wieder berichtet auch die internationale Presse in England, Neuseeland und den USA. 1910 wandelt der Großherzog von Mecklenburg-Schwerin – nach einem Gnadengesuch – das Urteil allerdings in »Lebenslang« um, 1919 erfolgt Zobels Begnadigung.

Ihr Mord bleibt bühnenreif. Über 100 Jahre später, im Oktober 2013, hat das Schauspiel »Tatort Rostock. Der erste Fall: Mord am Stadttheater« in Rostock Premiere, es berichtet von Zobels Tat. Dabei brennt das Rostocker Theater am Stadthafen zum Glück nicht ab wie das Ringtheater Wien am Abend des 8. Dezember 1881. Bei dem Brand starben mindestens 364 Menschen – kurz vor der Aufführung von »Hoffmanns Erzählungen«.

Rostock
Tod eines Nebenbuhlers

Wenn Eifersucht mit Eifer sucht

Professor Doktor Johannes Albert Reinmöller ist ein ehrenwerter Mann, eine Kapazität auf dem Gebiet der Zahnheilkunde. 1907 hat er eine private Krankenanstalt für Kieferchirurgie in Rostock gegründet, die erste Fachklinik dieser Art in Deutschland. Zugleich unterrichtet Reinmöller an der Rostocker Universität Zahnheilkunde.
Und der Professor ist verheiratet. Seine Ehe »verläuft«, wie man sagt, lange in »geordneten Bahnen«. Doch als Reinmöller als Offizier im Ersten Weltkrieg kämpft, sucht sich seine Gattin einen Liebhaber. Sie treibt ein uraltes, gefährliches Spiel, das seine Reize hat, manchmal aber tödlich endet. Denn die Eifersucht, in der mehr Selbstliebe als Liebe steckt, ist stark und blind und zerstörerisch.
Im September 1918, kurz vor Kriegsende, kehrt Johannes Reinmöller an einem Sonntagmorgen überraschend von der Front zu einem Kurzurlaub nach Rostock zurück. Der Stabsarzt erhält an diesem Morgen den Beweis, dass seine Ehefrau Helene, eine frühere Sängerin am Rostocker Stadttheater, ihn betrügt. Die Eifersucht, brennend heiß, schlägt in ihm hoch. Mit Eifer sucht er sogleich seinen Nebenbuhler auf.
Einen Hinweis, dass seine Frau ein Verhältnis mit dem Theater-Schauspieler Hans Brings habe, hat Reinmöller bereits früher erhalten. Doch Brings, am 4. Mai 1889 in Köln geboren und im Mai 1916 nach Rostock gezogen, hat damals alles abgestritten und sein Ehrenwort gegeben, dass die Verdächtigungen falsch seien. Außerdem hatte er sich verpflichtet, jede Annäherung an die Frau zu unterlassen.

Nun – am Sonntagmorgen – stellt Reinmöller den Schauspieler erneut zur Rede. Jetzt leugnet Hans Brings nichts mehr: »Ja, ich habe eine Liebesbeziehung zu Ihrer Frau.« Als Reinmöller die Herausgabe von Briefen seiner Frau verlangt, ist Brings zunächst dazu bereit. Beide gehen zu dessen Wohnung, doch auf dem Weg dahin weigert sich der Schauspieler plötzlich mit höhnischen Worten: »Die Briefe kriegen Sie nicht. Wissen Sie, was Ihre Frau gesagt hat? Ich könne sie viel besser beglücken als Sie!«

Daraufhin fordert Reinmöller den Nebenbuhler zum Duell. Es soll am nächsten Morgen stattfinden. Aber am Nachmittag meldet sich Brings telefonisch: »Ich bin bereit, noch einmal über die Herausgabe der Briefe zu verhandeln.«

Doch im Haus in der John-Brinckman-Straße 4, in der sich Brings bei Bekannten aufhält, kommt es stattdessen zu einer erregten Auseinandersetzung zwischen beiden Männern.

In der John-Brinckman-Straße erschoss Reinmöller am 8. September 1918 seinen Nebenbuhler.

Brings beleidigt den Professor wiederum mit höhnischen und zynischen Worten. Da zieht Reinmöller – am Ende seiner Nerven – einen Revolver und schießt dem Rivalen in den Kopf. Der Schauspieler stirbt. *»Eine Handlung im Affekt«*, steht in der Zeitung. Die Waffe habe der Professor nur deshalb bei sich getragen, um am Nachmittag für das Duell zu trainieren.

Der Mord am 8. September 1918 erregt nicht nur in Rostock großes Aufsehen. In der Öffentlichkeit wird weniger das Opfer, sondern eher der Täter bedauert. *»Man kann«*, schreibt zum Beispiel die *Anklamer Zeitung* am 11. September 1918, *»den Prof. Reinmöller, der hier als Arzt und Mensch große Sympathien genießt, eine menschliche Teilnahme nicht versagen«*.

Es sind rechtlose Zeiten. Denn die Tat bleibt ohne schwerwiegende Folgen für Reinmöller. Er muss zwar zwei Gerichts- und ein Disziplinarverfahren über sich ergehen lassen. Aber seiner Karriere schadet dies letztlich nicht, er wird gerichtlich nicht verurteilt.

1919 verlässt er Rostock, wird später, im November 1933, Rektor der Universität Erlangen (bis 1935) und danach der Universität Würzburg. Er macht als Mitläufer Karriere bei den Nationalsozialisten.

1936 jedoch gerät Reinmöller mit den Machthabern in Konflikt und wird als Rektor abberufen. Am 1. März 1955 stirbt er im Alter von 77 Jahren in Heidelberg. Ob er wieder geheiratet hat, ist unbekannt.

Mecklenburgische Seenplatte

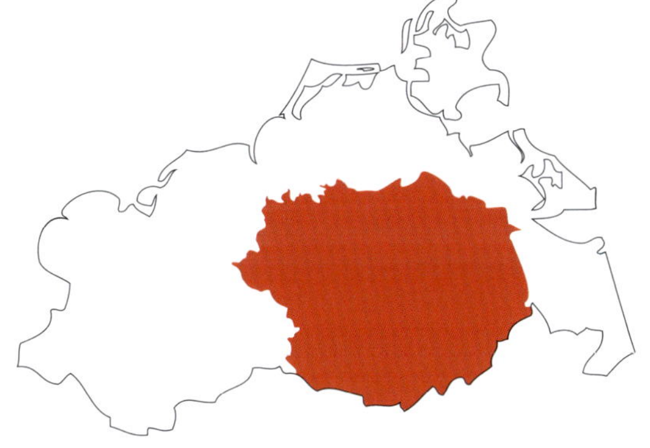

Bresewitz

Tod dem Dieb

Der Fall Franz Januczeck

Seit Ende des 19. Jahrhunderts setzen die Gutsbesitzer im Deutschen Reich immer mehr Saisonarbeiter für landwirtschaftliche Arbeiten auf ihren Ländereien ein. Die sogenannten Schnitter kommen meist aus Polen. Sie arbeiten oft schon von April an auf den Feldern und Höfen. Meist bleiben die Männer nach der Heu- und Getreideernte, in der sie das Gras und Korn mit Sensen und Sicheln abmähen, noch bis zum Ende der Kartoffel- und Rübenernte Mitte November. Die Schnitter melken aber auch Kühe und Ziegen, misten Schweineställe aus und füttern die Pferde. Ihr Lohn ist gering, sie leben in einfachen, im Winter unbewohnbaren Schnitterkasernen. Es sind längst nicht nur Männer aus Polen, Galizien oder Litauen, sondern auch Frauen, Jugendliche, Kinder und einheimische Tagelöhner, die in diesen Kasernen hausen. Die Männer trinken, raufen und huren bis weit in die Nächte hinein. Ihre Armut hat sie geprägt.
Im Sommer 1918 arbeiten auch in Mecklenburg-Strelitz wieder Tausende dieser Saisonarbeiter. Einer von ihnen heißt Franz Januczeck. Wo er herkommt, wann er geboren wurde und wer seine Eltern sind – keiner weiß es, weil es niemanden interessiert. Und Januczeck erzählt es nicht, weil er seine Herkunft vergessen hat. Scham ist eine dicke Mauer, durch die keine Erinnerung dringt.
Der Schnitter hat schon des Öfteren gestohlen. Nicht aus Lust am Verbotenen oder wegen des Nervenkitzels, sondern weil die Not ihn dazu trieb. Und weil ihn niemand gelehrt hat, was Recht und was Unrecht ist. Er ist irgend-

wann einmal selbst bestohlen worden und meint seitdem, er könne sich auch nehmen, was er brauche. Zudem herrscht Krieg – da ist das Verbrechen ohnehin Gesetz.

Januczeck arbeitet in Bresewitz nördlich von Friedland. Seit Wochen schon kommt er mit seinem Lohn nicht mehr aus, der Gutsherr Willmann zahlt in diesem Jahr noch schlechter als sonst, und der Schnaps, der so schön in der Kehle brennt und die eigene Lage vergessen lässt, ist teuer. So fasst der Schnitter in einer warmen Augustnacht einen Entschluss. Er ahnt die furchtbaren Folgen nicht.

Januczeck schleicht sich im Schutz der Dunkelheit in den Schlafraum anderer Schnitter und bestiehlt sie. Doch er ist zu laut und wird bei der Tat überrascht. Er kann fliehen, wird verfolgt und schließlich in Bresewitz in der Nähe der Ziegelei gestellt. »Hund, verfluchter, wo hast du unser Geld? Heraus damit, du Schwein!« rufen die Männer. Sie holen den Ziegeleimeister. Der durchsucht Januczeck und findet

Franz Januczeck arbeitete 1918 in Bresewitz bei Friedland.

das gestohlene Geld. »Wir schaffen ihn drüben in den Stall«, sagt der Meister. »Bis die Gendarmen kommen, bewacht ihr ihn«, beauftragt er zwei Schnitter, »der Kerl soll für seine Tat büßen.«

Als der Meister jedoch um fünf Uhr noch einmal nach den dreien sieht, ist die Katastrophe da: Januczeck liegt blutüberströmt im Stroh. »Was, verdammt nochmal, habt ihr mit ihm gemacht?« Die beiden Schnitter blicken schuldbewusst zu Boden: »Wir ... wir wollten das nicht. Er hat uns gereizt. Da ... da haben wir ihm eins übergezogen.«

Die Männer haben Januczeck erschlagen. Die *Landeszeitung für beide Mecklenburg und Nachbargebiete* berichtet darüber am 14. August 1918:

»Friedland, 13. August. In der Totschlagssache weilte der Erste Staatsanwalt hier. Es wurde festgestellt, daß der Schnitter Franz Januczeck in Bresewitzer-Ziegelei seinen Arbeitskollegen eine Kiste mit 320 M. Inhalt, ferner ein Grammophon mit 290 M., einige Ringe und mehrere wertvolle Uhrketten gestohlen hatte, die ihm später abgenommen sind. Die beiden zu seiner Bewachung bestellten Schnitter Johann Pivavaczeck und Bruno Skalski haben dann mit starken Knitteln so lange auf ihn eingeschlagen, bis er tot zusammenbrach. Beide sind verhaftet.«

Was aus den Tätern geworden ist, bleibt unbekannt. Vielleicht können sie, als das Deutsche Kaiserreich drei Monate später in der Novemberrevolution zusammenbricht, ungestraft entkommen. Denn im Chaos ist das Unrecht Gesetz.

GÜSTROW

Das missglückte Duell

Wie zwei Herren sich keine Kugeln um die Ohren schießen

Manchmal ziehen Huldigungsreden unbeabsichtigte Folgen nach sich – aber nicht immer für den, der geredet hat. So geschehen im Jahr 1850 in Güstrow. Ein paar trinklustige, rotgesichtige Männer haben sich am 1. Juni zur Mittagszeit im Güstrower *Gasthaus zum Wall* eingefunden, um ihre Mägen mit Bier, Schweinefleisch und mecklenburgischen Kartoffeln zu füllen. Es geht hoch her, die Männer schwitzen beim Essen, Schweißperlen stehen ihnen auf der Stirn, und die Luft im Gasthaus ist heiß wie in einem Stall.
Da steht plötzlich ein Mann auf und hält eine Lobrede auf den mecklenburgischen Großherzog Friedrich Franz II. Die Männer verstummen und hören dem Kerl, dessen Schnurrbartspitzen beim Reden auf und nieder wippen, mit glasigen Augen zu. Sie kennen ihn, es ist der Pensionär Krüger aus Wredenhagen südwestlich von Röbel, ein lauter rechthaberischer Mann, der seinen Blick kreisen lässt, um zu sehen, ob ihm alle zuhören.
Plötzlich stutzt Krüger: Da, was ist das für ein Mensch, der einfach weiter frisst und säuft, als gelte es, für den Rest des Jahres vorzusorgen? »He, du da! Was stopfst du dir weiter das Fleisch ins Maul? Für unseren Großherzog ist eine Pause zu machen! Kerl, verdammter!«
Und nun gewinnt die Geschichte an Fahrt. Der Angesprochene, Wien mit Namen, reagiert nicht, sondern widmet sich weiter den rustikalen Speisen des Hauses. Dafür geraten zwei andere stellvertretend für Krüger und Wien aneinander. Der Ökonom August Pogge regt sich über die

beleidigenden Äußerungen Krügers auf und liefert sich schon bald ein Wortgefecht mit dem Gutsbesitzer von Vogelsang, das schließlich in kräftigen Handgreiflichkeiten endet: Pogge verpasst Vogelsang einen Schlag auf den Kopf, dass der die Gänse schnattern hört. Aber Vogelsang steht wieder auf. In den Gerichtsakten heißt es: *»Der Gutsbesitzer von Vogelsang stieß den Ökonom Pogge mit der Hand zurück, fragte ihn nach seinem Namen und ließ ihn bald daraufhin durch den Gutsbesitzer von der Lühe zum Duell mit Pistolen auffordern.«*

Pogge, der eigentlich Gewalt verabscheut und weiß, dass Duelle seit 1715 verboten sind, weigert sich, den Zweikampf anzunehmen. Doch als alle anderen Männer ihn drohend ansehen und sagen, er müsse dem Vogelsang Genugtuung gewähren, willigt er schließlich ein. Noch am Abend desselben Tages kommt es zum Duell. Es soll auf einer Dis-

In Güstrow kam es zum Streit zwischen Pogge und Vogelsang.

tanz von fünf Schritten ausgetragen werden. Um 19 Uhr fahren Vogelsang und Pogge mit ihren Sekundanten auf einem Fuhrwerk zur Güstrower Rennbahn, dort soll der Zweikampf in einem Tannengehölz ausgetragen werden. Mit dabei sind außerdem zwei Zeugen und ein Arzt.
Die Pistolen werden geladen. Durch das Los erhält Vogelsang den ersten Schuss. Er lädt, legt an und zielt. Das Zündplätzchen platzt, ein kleines Rauchwölkchen steigt auf – doch die Kugel bleibt im Lauf stecken. Verdammt. Der Gutsbesitzer flucht.
Erneut wird Pogge aufgefordert, eine Ehrenerklärung abzugeben, sodass Vogelsang Genugtuung erhält. Doch der Ökonom weigert sich weiter. Als das Duell fortgesetzt werden soll, pfeift Pogge auf die alten Ehrenkodexe – er ist doch nicht dämlich. Er wirft seine Pistole fort und ruft: »Ich werde nicht schießen. Das ist gegen meine Prinzipien. Aber Herr von Vogelsang kann gern noch einmal zielen.«
Der Angesprochene ist verwirrt. Wie, was, der Kerl weigert sich? So ein Hühnerdieb, so ein verdammter Feigling, den Arsch sollte man ihm durchprügeln, aber den nackten. Doch Vogelsang kommt nicht weiter, Pogge steht mit verschränkten Armen da und grinst ihn an. Der Gutsbesitzer kocht, fünf Minuten kämpft er mit sich und seiner Wut. Dann erklärt er resignierend: »Ich kann das Duell unmöglich fortsetzen. Ich kann doch einen Kerl, der sich nicht wehrt, nicht erschießen. Das ist gegen *meine* Prinzipien.«
Unverrichteter Dinge fahren alle zusammen wieder zurück in die Stadt. Das Duell ist missglückt.

Kurze Zeit später werden die Männer angezeigt, es kommt zum Prozess und zur Verurteilung. Vogelsang erhält vier Monate, Pogge fünf Monate Festungshaft in Dömitz. Alle anderen – Sekundanten, Zeugen und der Arzt – erhalten geringere Strafen.

Güstrow
1984

Schüsse in der Straße der Befreiung

Am Abend des 21. Dezember 1984 verlassen drei junge Männer nach einer Betriebs-Weihnachtsfeier des VEB Landmaschinenbau Güstrow, die in der Gaststätte »Haus des Handwerks« in Güstrow stattgefunden hat, das Lokal. Sie haben Alkohol getrunken, gehen zur Bushaltestelle, die sich in der Nähe der Gaststätte in der Straße der Befreiung, der heutigen Neukruger Straße, befindet und wollen von hier mit dem letzten Stadtbus nach Hause fahren. Es ist kurz vor 23 Uhr.

Genau gegenüber der Bushaltestelle befindet sich die Kreisdienststelle der Staatssicherheit, ein großer backsteinerner Gebäudekomplex. Einer der jungen Männer kommt auf die Idee, auf die Mauerumzäunung der Kreisdienststelle zu klettern – und steigt hinauf. Dies bemerkt der – ebenfalls alkoholisierte – Wachmann Werner Funk, der im Dienst gerade seinen sechzigsten Geburtstag nachfeiert. Er läuft auf die Straße, folgt dem jungen Mann, der wieder heruntergeklettert ist und will dessen Ausweis sehen, was dieser jedoch verweigert. Es kommt – auch mit den anderen jungen Männern – zu einem Wortwechsel und zu einer Rangelei, etwa 30 Meter vor dem Eingangstor der Kreisdienststelle. In der Auseinandersetzung zieht der Stasi-Unterleutnant seine Dienstwaffe und feuert aus Nahdistanz auf die Männer. Zuerst schießt er dem 21-jährigen Frank Nietsch in den Oberschenkel, dann dem 30-jährigen Uwe Siatkowski in die Lunge und zuletzt Wolf-Dieter Runge in den Unterleib. Funk selbst schleppt sich auf allen Vieren, verletzt am Fußknöchel, zurück zur Kreisdienststelle.

Es verstreichen überlebenswichtige Minuten, bis zunächst ein, später ein zweiter Krankenwagen eintrifft. Uwe Siatkowski, verheiratet und Vater zweier Kinder, stirbt kurz nach dem Transport im Krankenhaus. Auch Wolf-Dieter Runge, ebenfalls verheiratet und dreifacher Vater, erliegt, trotz sofortiger Operation, am 24. Dezember seinen Verletzungen. Frank Nietsch überlebt, er hat jedoch seitdem ein verkürztes Bein, noch im Jahr 2016 wohnt er in Sichtweite des Tatortes. SED und Staatssicherheit versuchen alles, um den Vorfall herunterzuspielen und zu vertuschen: Betrunkene Raufbolde hätten auf das Gelände der Kreisdienststelle eindringen wollen und dabei den Wachmann angegriffen, der in Notwehr gehandelt habe – so die offizielle Version. Der Täter wird aus der U-Haft entlassen.

Am 28. Dezember 1984 finden die Trauerfeiern für die beiden Getöteten statt. Ein riesiges Stasi-Aufgebot bewacht den Güstrower Friedhof. In den Traueranzeigen in der Zeitung heißt es: *»Plötzlich und für uns alle unfaßbar verloren wir [...] Uwe Siatkowski«* und *»Am 24. Dezember 1984*

Das »Haus des Handwerks« ist noch immer eine Gaststätte.

Am Tatort stehen heute eine Stele und ein Gedenkstein.

wurde auf tragische Weise [...] Wolf-Dieter Runge im blühenden Alter von 30 Jahren aus dem Leben gerissen«.

Die Familien der Opfer sind massiv unter Druck gesetzt worden, über die wahren Umstände zu schweigen, ebenso die Mitarbeiter des Krankenhauses und kirchliche Vertreter, die sich um Aufklärung bemühen.

Erst im Herbst 1989 kommt – durch die Friedliche Revolution in der DDR – wieder Bewegung in den Fall. Siegfried Runge, der Vater des getöteten Wolf-Dieter Runge, fordert auf einer Demonstration am 10. November in Güstrow am Mikrofon, dass der Fall wieder aufgerollt werde. Unterschriftensammlungen der Mitarbeiter des Krankenhauses und anderer Betriebe folgen. Am 19. Dezember 1989 wird Werner Funk in Berlin verhaftet.

Am 22. Dezember demonstrieren etwa 1 500 Menschen an der Todesstelle in Güstrow, es wird ein Gedenkstein eingeweiht – für alle Opfer der Gewalt von 1949 bis 1989. Darüber wird eine Tafel angebracht, die an die Getöteten Uwe Siatkowski und Wolf-Dieter Runge erinnert.

Ein knappes Jahr später, am 29. November 1990, beginnt der Prozess gegen den Todesschützen Werner Funk vor dem Landgericht Berlin. Nach drei Verhandlungstagen verurteilt ihn das Gericht am 11. Dezember wegen zweifachen Totschlags und einem weiteren versuchten Totschlag zu einer Freiheitsstrafe von zehn Jahren. Funk geht in Revision, doch der Bundesgerichtshof bestätigt am 3. Juli 1991 das Urteil. Funk sitzt sieben Jahre ab. 1992 werden außerdem zwei ehemalige Militärstaatsanwälte wegen Rechtsbeugung verurteilt.

Am 21. Dezember 2014, 30 Jahre nach der Tat, wird am Tatort ein neuer Gedenkstein eingeweiht, er ersetzt den alten Gedenkstein von 1989. Auf einer danebenstehenden metallenen Stele steht: »Dieser Stein sei [...] Mahnung, jeglicher Gewalt stets zu widerstehen.«

Kirch Grubenhagen
Gebilde der Einbildungskraft

Der Geschichtenerzähler J. P. W. St.

Zu Beginn des 19. Jahrhunderts streift ein junger Mann rastlos durch Mecklenburg. An keinem Ort hält er es lange aus. Er verdingt sich bei verschiedenen Leuten, arbeitet bei Bauern und auf Gütern, verlässt seine Stellungen aber immer nach kurzer Zeit. Der Mann ist mittelgroß, kräftig und hat ein gelbliches Gesicht, in dem sich Verschlossenheit, Trotz und unterdrückter Unmut zeigen. Wenn er spricht, verändern sich seine Züge kaum. Nur sein Blick ist unruhig, die Augen bewegen sich stets hin und her, er kann keinen Menschen ruhig ansehen.

Die Akten haben den Namen des Mannes nicht überliefert. Dort wird er nur J. P. W. St. genannt, geboren im Juli 1794 auf den Grubenhagener Gütern, bis zur Konfirmation im Haus seines Vaters lebend. Danach hat sein unstetes Leben begonnen. Jahrelang treibt er sich umher, bettelt, stiehlt, betrügt und landet schließlich im Landarbeitshaus Güstrow, einer »Besserungs-Anstalt« für Landstreicher, Prostituierte und Heimatlose, die seit 1817 im Güstrower Schloss eingerichtet ist. Dort erzählt er eine Geschichte: Er habe vor kurzem mit einem unbekannten Mann in Alt Gaarz nördlich von Waren zwei Pferde gestohlen, sie in einem nächtlichen Parforceritt nach Wittstock gebracht und die Tiere dort für 100 Reichstaler an einen Fuhrmann verkauft.

Es beginnt eine Kriminaluntersuchung gegen St., während der er zweimal seine Erzählung widerruft, mehrere andere Personen beschuldigt, diese Aussagen auch wieder zurücknimmt, bis er zuletzt den Namen eines Mannes nennt, über den das Gericht keine Auskunft erlangen kann. Auch den

Ort, an dem die Pferde verkauft worden seien sowie den Namen des Käufers ändert St. mehrfach. Schließlich werden ihm einige willkürlich ausgewählte Personen mit dem Hinweis vorgeführt, der Fuhrmann sei darunter, ob er ihn wiedererkenne? St. erklärt tatsächlich einen der Männer für den Käufer – und kann nur mit Mühe von der Falschheit seiner Behauptung überzeugt werden. Dennoch wird St. zu drei Jahren Zuchthaus verurteilt.

Am 14. September 1824 aus dem Zuchthaus Dömitz entlassen, dient er einige Wochen in Großen Luckow unweit des Malchiner Sees als Knecht und treibt sich danach erneut umher. Auf dem Weg nach Rostock wird er von Gendarmen angehalten, die ihn für einen aus Stralsund geflohenen Gefangenen halten und nach Hirschburg bringen. Hier gibt

Auch in Vollrathsruhe – hier ist das Schloss zu sehen – entstanden die Lügen-Erzählungen.

St. zu, dass er der Sträfling sei. So wird er nach Stralsund ausgeliefert, dort entdeckt man aber sofort den Irrtum. St. erzählt nun eine neue Geschichte: Er habe sich aus Großen Luckow entfernt, weil er dort vor mehreren Jahren einen Inspektor ermordet habe, nachdem er eine von diesem anvertraute bedeutende Geldsumme untergeschlagen hätte. Hierauf wird St. nach Hirschburg zurückgebracht und behauptet dort, was er in Stralsund ausgesagt habe, sei tatsächlich wahr. Der Inspektor P. in Vollrathsruhe südwestlich des Malchiner Sees habe ihm 100 Reichstaler Gold und außerdem 150 Reichstaler Silber zum Transport nach Rothenmoor gegeben. Dieses Geld habe er für sich beiseite geschafft, dem Inspektor aber gesagt, der Auftrag sei erledigt, der Empfangsschein werde nachkommen. Am Abend habe der Inspektor dann im Lieper See gebadet. Er sei demselben ins Wasser gefolgt, habe sich auf ihn geworfen, seinen Kopf heruntergedrückt und ihn so ertränkt.
Nach vielen Verhören stellt sich heraus, dass diese Geschichte erfunden ist. St. wird wieder freigelassen, treibt sich erneut umher – und erzählt voller Inbrunst immer weitere abenteuerliche Geschichten.
Irgendwann wird er endgültig verhaftet. Der Kreis-Physicus Dr. Johann August Carl Wilhelm Hermes aus Bützow erstellt auf Anforderung des Großherzoglichen Criminal-Collegiums Bützow ein medizinisches Gutachten. Er diagnostiziert bei St. *»bedeutende Nervenleiden«*. Der Mann habe *»Gebilde seiner Einbildungskraft nicht mehr von wirklichen Begebenheiten zu unterscheiden«* vermocht. Der Pferdediebstahl zum Beispiel sei wirklich verübt worden, allerdings nicht von St., und der Inspektor P. habe sich vor mehreren Jahren im Lieper See selbst das Leben genommen. Diese Tatsachen wurden dann in Geschichten verdreht.
Was aus St. nach diesem Gutachten wird, weiß niemand. Der Lügen-Landstreicher verschwindet spurlos.

Matzdorf
Tanz auf Scherben

Wie Gewalt Gegengewalt erzeugt

Im Jahr 1830 brennen in Frankreich die Barrikaden. In Paris hat der reaktionäre König Karl X. versucht, die Vorherrschaft des Adels wiederherzustellen und das Parlament aufgelöst. Da erheben sich Handwerker, Arbeiter und Studenten und zwingen den König zur Abdankung. Er flieht nach England. Die Revolution löst Aufstände in Italien, Polen, den Niederlanden und in mehreren Staaten des Deutschen Bundes aus. Der Liberalismus und die demokratischen Bewegungen in ganz Europa werden gestärkt. Der Vormärz liegt in der Luft.

In Mecklenburg ist nichts davon zu spüren. Das Großherzogtum Mecklenburg-Strelitz ist ein Staat, in den so schnell keine Kunde aus Europa dringt. Und wenn, dann kümmert das den Landesvater, Großherzog Georg, wenig, seine Untertanen sind brav, ungebildet und darum für revolutionäre Gedanken unempfänglich. Sie kennen nur Arbeit und Schweiß, eigenen Schweiß.

In Matzdorf, einem kleinen Dorf zwischen Friedland und Strasburg, herrscht in diesen Tagen der Gutsbesitzer Haberland wie Gott in Frankreich. Der dicke, rotgesichtige Tyrann regiert mit eiserner Hand, staucht die Landarbeiter und Tagelöhner täglich zusammen und brüllt manchmal so, dass den Kühen – so sagt man im Dorfe – die Milch im Euter sauer wird.

Am meisten unter Haberland hat sein Inspektor Buschik zu leiden. Der bewirtschaftet den Hof, organisiert alles und führt die Bücher. Doch ihm wird nicht gedankt. Schon lange will der Inspektor darum seine Anstellung kündigen.

Aber der gerissene Gutsbesitzer kriecht dann immer wie ein Hund zu Kreuze und überredet Buschik, in Matzdorf zu bleiben.

Eines Tages gibt es wieder heftigen Streit. Nach einer Stunde voller Drohungen und Beleidigungen hat Buschik endgültig genug und ruft: »Schluss jetzt. Ich gehe. Geben Sie mir meine Papiere!« Er blickt dem vom Brüllen rot angelaufenen Gutsbesitzer in die Augen. Der sieht, dass sein Inspektor dieses Mal nicht mehr zu besänftigen ist und zischt: »Gut, wenn du unbedingt willst. Gehen wir nach oben ins Arbeitszimmer.«

Die beiden steigen die Treppe hinauf. Doch oben greift sich der Gutsbesitzer einen Knüppel: »Kerl, dir werd' ich eins überziehen.«

Der Inspektor wehrt sich. Er ist Haberland körperlich überlegen, packt ihn bei den Schultern und wirft den Hausherrn die Treppe hinunter. Haberland flieht auf die Toilette. Buschik folgt ihm und zerschlägt die Tür mit einer wuchtigen Axt. Dann treibt er den Gutsbesitzer aus dem Haus und brüllt ihm nach: »Du verfluchter Hund, jetzt werd' ich dir's einmal zeigen. Du hast mich lange genug getriezt!«

Der Gutsbesitzer Haberland musste auf Scherben tanzen.

Draußen schlägt der Inspektor so lange auf Haberland ein, bis der das Bewusstsein verliert und ohnmächtig auf dem Misthaufen liegenbleibt.
Es ist wie ein Rausch. Der Inspektor und einige Tagelöhner brechen den Keller auf und plündern die Weinvorräte. Der Alkohol enthemmt die Männer vollends. Sie zerschlagen die Weinflaschen und lassen Haberland, der das Bewusstsein wiedererlangt hat, mit nackten Füßen auf den Scherben tanzen.

Der Gutsbesitzer kann nicht fliehen wie der französische König. Er hat keine Getreuen, die ihn retten und außer Landes bringen. Er stirbt.
Und Inspektor Buschik, das Opfer, das zum Täter geworden ist? Er lässt vier Pferde anspannen und fährt nach Neubrandenburg. Dort stellt er sich der Polizei, wird verhaftet und lange verhört. Bevor es zum Prozess kommt, erhängt er sich. Die Gewalt ist ein fortwährender Kreislauf.

Der Matzdorfer Gutspark – das alte Gutshaus existiert nicht mehr.

Der Fuhrmann Gerdes und seine Bande

Kein Robin Hood in Mecklenburg

Es sind 40 Räuber, die Mitte des 19. Jahrhunderts in tausend und einer Nacht die Straßen, Güter und Dörfer in Mecklenburg unsicher machen. Sie rauben, plündern und stehlen, teilen die Beute unter sich auf und verkaufen den Rest, sie tragen wilde Bärte und haben glühende Augen – und sind doch keine Märchengestalten aus dem Orient.
Die Männer betreiben das organisierte Verbrechen an der Müritz. Ihr Anführer heißt August Gerdes, ein kräftiger Fuhrmann mit einer Narbe quer über der Stirn, der skrupellos den eigenen Vorteil sucht. Zusammen mit seinem Kumpan Carl Paepcke und 38 weiteren Männern machen sie die Gegend um Waren unsicher, überfallen Kutschen und Höfe, stehlen Getreide und Geld und verschwinden immer wieder spurlos in den dunklen Wäldern. Die Moore der Müritz sind perfekte Verstecke.
Im Sommer 1855 startet die Bande eine neue Überfall-Serie. In der Nacht vom 27. zum 28. Juli bestehlen die Kerle zunächst den Müller Bremer in Neustrelitz. Kurz danach, am 9. und 10. August, rauben sie den Kalkbrenner Jens und den Schäfer Sandberg in Blunkow aus, dann hört man ein paar Monate lang nichts von ihnen. Es gehen zumindest keine Anzeigen bei der Polizei ein.
Im Januar 1856 schlagen die Räuber erneut los. Sie überfallen den Gutsbesitzer August Balck in Groß Lukow, am 25. Januar den Gutsbesitzer Jahn in Klein Vielen und am 3. Februar den Schmied Peters in Vielist. Am 7. August 1856 wird Pastor Karl Plass in Serrahn am Krakower See beraubt – nichts ist den Männern heilig.

August Gerdes ist kein Robin Hood, der den Reichen nimmt und den Armen gibt. Er plündert alle aus, die ihm und seinen Kumpanen vor die Flinten kommen: Fischer, Schmiede, Bauern und Adlige wie der Kammerherr von Oertzen auf Sophienhof. Die Verbrecher sind lange Zeit nicht zu fangen. Denn der Gendarmerie fehlt es an Personal, Logistik und guten kriminalistischen Ermittlungsmethoden.

Doch irgendwann gelingt es durch einen Zufall, die Anführer während einer Treibjagd festzunehmen und ins Gefängnis nach Waren zu bringen. Die Oberste Polizeibehörde im Großherzogtum Mecklenburg-Schwerin wird eingeschaltet: das Criminal-Collegium in Bützow. Kriminalrat Hinrichsen leitet von nun an die Ermittlungen. Um überhaupt erst einmal Ruhe im Gefängnis herzustellen, lässt Hinrichsen ein zusätzliches Militärkommando von 23 Mann nach Waren kommen. Denn die Gefängnistüren im Rathaus sind dünn, die Lehmwände leicht zu durchbrechen, ja, die Tür, die vom

Die Wälder zwischen dem Krakower See, dem Malchiner See und der Müritz waren perfekte Verstecke für die Banditen.

Gefängnisboden in das untere Gebäude führt, hat nicht einmal einen Schlüssel und ist ohne Mühe zu öffnen.
August Gerdes flieht mehrfach, wird jedoch immer wieder ergriffen. Die *Mecklenburger Zeitung* berichtet am 9. August 1856, dass *»gestern Abend der vor ungefähr 4–5 Wochen hier entsprungene berüchtigte Dieb, Gerdes von hier, nachdem er bei einer in der Nähe Basedows stattgehabten Treibjagd zufällig getroffen und ergriffen worden war, wiederum eingebracht wurde.«* Der Fuhrmann kann, obwohl er in Ketten liegt, insgesamt dreimal ausbrechen. Nun jedoch patrouilliert ein zusätzlicher Posten aus Bützow Tag und Nacht auf dem Gefängnisgang. Denn der Stadtgerichtsdiener Dreves, der eigentlich für die Bewachung zuständig ist, hatte seine Aufsichtspflicht sträflich vernachlässigt. Er wird nun auch von dem Posten aus Bützow beaufsichtigt – der Aufseher bekommt einen Aufseher.
Der Gerichtsprozess zieht sich zwei Jahre hin. Gerdes und seinen Leuten werden Diebstahl, Hehlerei, Widerstand gegen die Staatsgewalt, Beleidigung, drei Ausbrüche aus der U-Haft und Vergewaltigung vorgeworfen. Am 31. Mai 1858 verurteilt das Großherzogliche Criminal-Collegium die Täter: August Gerdes erhält wegen gewerbsmäßigen Stehlens und Vergewaltigung acht Jahre und zwei Monate Zuchthaus, Carl Paepcke wegen Diebstahls vier Monate Zuchthaus und Ernst Tiedt wegen Diebstahls acht Monate Zuchthaus. Verurteilt werden auch Sophie Paepcke und Sophie Volckmann wegen Hehlerei und Pauline Nürnberg wegen Unterschlagung. Später wird die Strafe für Gerdes auf zehn Jahre Zuchthaus erhöht. Er kommt in die Landesstrafanstalt Dreibergen bei Bützow. Carl Paepcke und Ernst Tiedt erhalten jeweils drei Jahre Zuchthaus.
Im Jahr 1860 beginnt eine Nachuntersuchung gegen August Gerdes wegen Tötung eines unbekannten Mannes aus Königsberg. Über das Ergebnis schweigen die Akten.

Neubrandenburg
Ein brutaler Axt-Mord

Der Fall Götterich 1770

Im Jahr 1770 lebt in Neubrandenburg die Witwe Margarete Elisabeth Hoffmann. Sie wohnt mit ihren drei Kindern, zwei Knaben und einem Mädchen, im Haus Nummer 693 vor dem Friedländer Tor.

Ihr Mann, der Papiermachergeselle Gottfried Hoffmann, ist vor einem Jahr gestorben und hat seine Familie in Armut zurückgelassen. Margarete Elisabeth Hoffmann ernährt sich mühsam vom Ertrag ihres kleinen Gartens und vom Betrieb einer Schankwirtschaft, manchmal erhält sie durch Wohltäter ein wenig Geld und Lebensmittel.

Am 23. Oktober 1770 finden Nachbarn die Witwe und ihre drei Kinder ermordet in ihrer Wohnung, sie liegen blutig und furchtbar entstellt in den Betten. Die Nachricht verbreitet sich sofort in der Stadt, noch am selben Tag wird der Tatort untersucht. Es stellt sich heraus, dass die Frau mehrere Axt- oder Beilhiebe auf den Kopf erhalten hat, durch die ein Stück der Hirnschale losgelöst worden ist. Außerdem hat sie Wunden an beiden Armen, die wohl mit einem scharfen Instrument verursacht worden sind.

Der älteste Knabe weist zahlreiche Kopfwunden auf. Die Hiebe sind so heftig gewesen, dass seine Hirnschale an drei Seiten gespalten ist. An der Leiche des danebenliegenden Mädchens findet man mehrere Verletzungen im Gesicht und am Kopf, ihre Hirnschale ist durch mehrere wuchtige Schläge zerquetscht worden. Der in der Wiege liegende kleine Junge wurde durch mehrere Hiebe verstümmelt, ein Hieb hat den Kopf in zwei Teile getrennt. Aus der Lage der Mutter und ihrer Kinder wie auch aus dem Zustand der

Betten ist ersichtlich, dass sie im Schlaf überfallen und ohne Widerstand ermordet worden sind.
Dieser vorläufigen Untersuchung folgt eine gründliche Obduktion durch die Ärzte. Sie stellen fest, dass die Hoffmann und ihre Kinder durch etwa siebzig Axthiebe getötet worden sind und der Mörder außerdem die Bettstellen und Kopfkissen mit vielen Axthieben beschädigt hat.
Das Gericht nimmt eine genaue Hausdurchsuchung vor. Es findet nirgends Spuren eines gewaltsamen Eindringens – und auch keine Hausschlüssel. Zeugen werden befragt, die Ermittlungen laufen an. Schon bald fällt der Verdacht auf eine fremde Frau, die vor kurzem bei der Hoffmann übernachtet hat: Christiane Dorothea Eleonora Götterich aus Stavenhagen. Man verfolgt die Spur der Flüchtigen und hat schon bald Erfolg. Die Götterich wird am 28. Oktober 1770 in Anklam festgenommen und nach Neubrandenburg zurückgebracht. Schon im ersten Verhör vor Gericht legt die

Das Friedländer Tor in Neubrandenburg – davor im Haus Nr. 693 geschah das Verbrechen.

Soldatenfrau, die seit längerem bettelt und stiehlt, weil sie von ihrem Mann verstoßen worden ist, ein Geständnis ab. Sie allein habe den Mord begangen. Später widerruft sie und behauptet, zwei schwedische Deserteure seien die Mörder, sie habe nur Wache gestanden. Bald darauf nimmt sie diesen Widerruf zurück und erklärt, dass sie die Hoffmann und ihre Kinder selbst und ohne Beihilfe anderer umgebracht habe. Ihr Motiv: Habgier. Sie hatte es auf das Geld der Hoffmann abgesehen und stahl es sowie einige Kleidungsstücke nach der Tat.

Am 19. Dezember 1770 wird die Mörderin auf dem Galgenberg vor den Toren Neubrandenburgs (heute: Neuer Friedhof) öffentlich hingerichtet. Sie wird gerädert. Der Scharfrichter schlägt der Götterich, um sie auf dem Rad zu befestigen, einen langen Nagel durch den Kopf. Die Delinquentin hebt daraufhin beide Arme in die Höhe und fasst sich mit den Händen in die Haare, als wenn sie den Nagel wieder herausziehen wolle. Sie wischt sich dabei das Blut vom Mund und – obwohl die Knochen der Unterarme durch das Rädern gebrochen sind – hebt sie einen Oberarm mit großer Geschwindigkeit in die Höhe, wodurch der zerschmetterte Unterarm zum Kopf geschleudert wird. Ein schreckliches Schauspiel.

Als der Arzt kurz darauf den Tod der Mörderin feststellen will, öffnet sie die Augen, hebt ihren Kopf in die Höhe, in dem der Nagel steckt, spuckt Blut und wischt sich ihren Mund ab. Sie wird erneut gerädert, der Nagel noch tiefer eingeschlagen, dass er unten neben dem Kinn nahe der Gurgel heraustritt.

Doch der Tod will nicht kommen. Ihr Herz schlägt noch immer. Schließlich wird die Götterich auf das Rad geflochten – und stirbt endlich. Eine an Grausamkeit kaum zu überbietende Strafe ist vollzogen. Die Leute gehen schockiert, aber ergötzt und tratschend nach Hause.

Neustrelitz

Am dritten Dezember

1881 stirbt die Witwe Krüger gewaltsam

Am Sonnabend, den 3. Dezember 1881, fallen die Schneeflocken sanft zur Erde. Sie bedecken die Straßen in Neustrelitz, der Hauptstadt des kleinen Großherzogtums Mecklenburg-Strelitz, und dämpfen den Schall. Der Schnee knirscht unter den Stiefeln der Einwohner, die über den Markt stapfen, Kinder ziehen mit Schlitten zum Schlosspark, lachen und bewerfen sich mit Schneebällen, jagen um die Schlosskirche herum. Es herrscht vorweihnachtliche Stimmung, denn morgen ist schon der zweite Advent.

Am Abend kehrt die Witwe Krüger aus der Stadt in ihr Haus zurück. Sie tritt in den Treppenflur, klopft sich den Schnee vom Mantel und steigt langsam die Stufen empor. Es ist dunkel. Plötzlich hört sie ein Geräusch, blickt hoch und erkennt, dass eine Gestalt hinter dem Treppenverschlag hervortritt. Zugleich wird die Haustür hinter ihr geschlossen. Die alte Frau öffnet den Mund: »Wer ist da? Was soll das …« Weiter kommt sie nicht.

Zwei Tage später wird die Witwe tot in ihrem Lehnstuhl gefunden, die Kleidung ist ihr rückwärts über den Kopf gezogen, die Beine sind mit einem Tuch verdeckt worden. Ihr Gesicht weist zahlreiche Verletzungen auf, als habe jemand immer wieder mit einem stumpfen Gegenstand zugeschlagen. Die Wohnung ist verwüstet, es sieht nach einem Raubmord aus.

Die Gendarmerie verhört Nachbarn, Verwandte und Bekannte. Eine Frau aus dem Haus macht sich durch ihre Aussagen verdächtig. Ihr Name: Friederike Holtz. Die 38-Jährige wohnt mit ihrem Ehemann und den Kindern hier zur

Miete, die getötete Hauseigentümerin war ihre Vermieterin. Der Ehemann der Holtz ist an dem Tag, als man die Tote gefunden hat, spurlos verschwunden. Ein Zufall? Die Polizei durchsucht die Holtz'sche Wohnung – und findet Gegenstände, die der Witwe Krüger gehört haben.

Am 7. Dezember wird Friederike Holtz verhaftet, ihr Mann zur Fahndung ausgeschrieben. Wenige Tage später stellt sich Friedrich Holtz selbst und kommt auch in Untersuchungshaft. Dort legt er ein umfassendes Geständnis ab: Er habe die Witwe getötet, um an ihr Geld zu gelangen. Doch irgendetwas stimmt an seiner Aussage nicht. Die Kriminalbeamten sind misstrauisch. Es sieht so aus, als wolle Holtz jemanden decken und alle Schuld auf sich nehmen. Schon bald wird klar, wen er schützen will: seine Frau.

Im März 1882 beginnt der Prozess gegen das Ehepaar vor dem Schwurgericht Güstrow. Am 16. März legen die Angeklagten in der Verhandlung reuevolle Geständnisse ab. Friederike Holtz schildert den Tathergang so: Sie habe erfahren, dass die Witwe geerbt hatte und darum zusammen mit ihrem Mann beschlossen, das Geld an sich zu bringen. Die *Wöchentlichen Anzeigen für das Fürstenthum Ratzeburg* berichten am 21. März 1882 über die Verhandlung, das Geständnis der Holtz und das Geschehen am 3. Dezember 1881: *»Ihr Mann habe sich dann am Sonnabend Abend auf dem Flur hinter dem Treppenverschlag versteckt gehalten. Als die Krüger eingetreten, habe sie die Hausthür verschlossen, und gleich darauf habe sie auch einen Schrei gehört. Sie sei hinzugeeilt und habe der Krüger den Mund zugehalten. Ihr Mann habe die Krüger angepackt, um sie zu erwürgen. Sie habe zu ihm gesagt: ›Friedrich, wollen wir sie nicht in die Küche bringen?‹ Da sie keine Antwort bekommen, sei sie in die Küche geeilt und habe die Mörserkeule geholt. Darauf habe sie zu ihrem Manne gesagt, sie habe die Keule und habe dann zweimal damit nach dem Kopf der Krüger geschlagen. Ihr Mann habe* *ihr dann die Keule abgenommen und habe einige Schläge nach der Krüger gethan. Während sie zuerst nach der Krüger geschlagen, habe Letztere sie um Hülfe angefleht, hernach habe sie aber geäußert: ›Pfui, das sind Sie ja!‹ […] Nach 10 Minuten sei die Krüger schon eine Leiche gewesen. Ihr Mann habe dann die Leiche in die Küche geschleppt, und sie habe mit der Lampe geleuchtet. Am Treppenverschlag und an der Küchenthür hätte sich viel Blut gefunden. Darauf hätten sie die Stuben näher durchsucht, aber nur 10,80 M. gefunden.«*

Das Schwurgericht Güstrow verurteilt das Ehepaar am 16. März 1882 zum Tod. Mit bewegter Stimme verkündet nach achtstündiger Sitzung der Präsident, Landgerichtsdirektor Dr. Piper aus Neustrelitz, das Todesurteil des Schwurgerichtes. Am 27. März 1882 werden die Eheleute in Güstrow im Hof des Landgerichtes durch den Berliner Henker Julius Krautz mit dem Richtbeil enthauptet.

Auf dem Hof des Landgerichtes Güstrow fand die Hinrichtung statt.

Remlin

In der Feldscheune

Der unentdeckte Mord des Willi Roloff 1931

Am 16. Juni 1931 trifft gegen 22 Uhr eine hübsche, etwa 25-jährige Frau auf dem Gutshof in Remlin südlich von Gnoien ein. Sie stammt aus Polen, heißt Kowalski und bittet den Gutssekretär um ein Nachtlager. Er führt sie in eine leerstehende Feldscheune in der Nähe des Gutshofes und lässt sie dort allein. Gegen Mitternacht kommt er jedoch wieder – die schöne Schnitterin hat ihm keine Ruhe gelassen – und versucht, die Frau zu vergewaltigen. Sie wehrt sich lautstark, sodass der Mann von ihr ablässt und in sein Zimmer geht. Um drei Uhr morgens kehrt er, bewaffnet mit einer Wagenrunge, zurück und tötet die Polin, weil er fürchtet, dass sie ihn wegen des Vergewaltigungsversuches anzeigt. Er gibt der Schlafenden drei oder vier wuchtige Schläge auf den Kopf, schließt die Scheunentür ab, kommt erst nach vier Wochen an den Tatort zurück und vergräbt die in der Sommerhitze bereits verweste Leiche im Scheunenboden.

Der Mörder heißt Willi Roloff, ist am 29. September 1909 im hinterpommerschen Schivelbein geboren und seit seiner Jugend straffällig: Einbrüche, Diebstähle, Unterschlagungen. Nach dem Mord verlässt er Remlin, zieht ruhelos umher, begeht erneut Einbrüche, Diebstähle und Betrügereien, hinzu kommen Zechprellereien, eine fahrlässige Brandstiftung und ein Notzuchtversuch.

Zwischen Dezember 1935 und Oktober 1936 ermordet er in der Mark Brandenburg drei Männer: Den Händler Christian Worrescht erschießt er auf einer einsamen Landstraße, den Wirtschafter Wilhelm Kochan tötet er mit einem

Vierfaches Todesurteil gegen Roloff

Des Mordes in vier Fällen schuldig gesprochen – Roloff nahm das Urteil ruhig auf

Drahtbericht unseres Korrespondenten

k **Prenzlau,** 10. Juli.

Vom Schwurgericht Prenzlau wurde gegen den 27jährigen Raubmörder Roloff am Freitagvormittag folgendes Urteil verkündet: Der Angeklagte ist des Mordes in vier Fällen schuldig, in drei Fällen außerdem in Tateinheit mit schwerem Raub. Er wird dafür in jedem Falle zum Tode und zum dauernden Verlust der bürgerlichen Ehrenrechte verurteilt.

Vor der Verkündung des Urteils hatte der Angeklagte durch seinen Verteidiger gebeten, noch einmal sprechen zu dürfen. Er erklärte dann, daß er die Verhandlung nicht aufhalten wolle und genau wisse, was ihm bevorstände. „Mag man denken über mich, wie man will, ob noch ein guter Kern in mir ist oder nicht, ich will aber alles bereinigen und in Ordnung bringen, damit ich zur Ruhe komme. Denn keiner begrüßt es mehr als ich, daß es endlich zu Ende geht. Ich bekenne in dieser Stunde, daß restlos alles von mir gesagt worden ist. Ich habe die Strafe verdient und nehme sie auch hin."

Zur Begründung des Urteils führte der Vorsitzende aus, der Angeklagte, ein Sohn achtbarer Eltern, sei schon in jungen Jahren auf die schiefe Bahn geraten. Nachdem er schon wegen zahlreichen Betrügereien und Diebstählen verurteilt war, kam er im Jahre 1931 nach Remlin in Mecklenburg. Hier hat er an einer polnischen Schnitterin in der Feldscheune einen Mord begangen. Er hat mit voller Überlegung gehandelt und sich wohl gesagt, daß das Verschwinden einer polnischen Schnitterin nicht auffallen würde, und daß es für ihn das beste sei, diese Frau verschwinde, damit er vor einer Zuchthausstrafe bewahrt blieb.

Im Jahre 1935 kam Roloff nach Angelenhof bei Frankfurt a. d. Oder. Das Gehöft war vollkommen einsam gelegen und von Wald und Seen umgeben. „Es läßt sich erklären", so führte der Vorsitzende aus, „daß Roloff hier ein Doppelleben führen konnte. Am Tage ging er treu und gewissenhaft seiner Arbeit nach und des Nachts ging er auf Raub aus. Er wollte das Leben genießen, er wollte vergessen, was er auf dem Kerbholz hatte, und — er wollte sich Geld verschaffen. Auf welche Art und Weise er zu Geld kam, war ihm gleich. Hauptsache, daß er unerkannt blieb. Er hat zwei Opfer, den Landwirt Lüdke und den Arbeiter Kochan, nach Angelenhof gelockt und sie in der Nähe umgebracht. Mit kluger Überlegung hat er in beiden Fällen den Mord begangen, und gerade der Fall Lüdke ist ein klassisches Beispiel für einen Mord.

Auf seiner Flucht führte dann Roloff ein vagabundierendes Verbrecherleben und kam schließlich mit dem Händler Worreschk zusammen. Sofort kam ihm der Gedanke: ein Händler muß Geld bei sich haben und ist daher für dich das geeignete Opfer. Wie in allen Fällen, wenn er einen Plan gefaßt hatte, so ging er auch hier vor und brachte den Händler um die Ecke.

Roloff gibt selbst zu, unmenschlich und roh vorgegangen zu sein. Er war aber auch feige, denn in einen Kampf mit seinen Opfern wollte er sich nicht einlassen und brachte sie deshalb in hinterlistiger Weise ums Leben. Das vierfache Todesurteil ist die gerechte Strafe für diesen Unhold."

Der Angeklagte nahm das Urteil ruhig auf und gab keine Erklärung ab.

Die »Pommersche Zeitung« berichtete am 10. Juli 1937 über die Urteilsverkündung.

Hammer, und den Landwirt Albert Lüdke schießt er hinterrücks in den Kopf. Sein Motiv: Habgier – stets raubt er seine Opfer aus.

Die Fahndung läuft auf Hochtouren. Am 1. November 1936 schließlich wird Roloff in Eberswalde verhaftet. Die drei Morde in Brandenburg können ihm bewiesen werden. Kurz vor Beginn der Gerichtsverhandlung überrascht er jedoch mit der Mitteilung, er habe ein weiteres Geständnis abzulegen: Im Sommer 1931 habe er auf der Landstraße zwischen Teterow und Gnoien in Mecklenburg unweit des Gutes Remlin mit seinem Motorrad eine Frau angefahren und schwer verletzt. Um sich Ärger mit der Polizei zu ersparen, habe er die Ohnmächtige in eine nahegelegene Feld-

scheune geschleppt und mit einem Holzscheit erschlagen. Die Leiche habe er zunächst unter einem Strohhaufen versteckt und später im Scheunenboden vergraben. Es könne sich um eine polnische Schnitterin gehandelt haben, die eine grüne Strickjacke trug. So genau wisse er es nicht mehr. Die Sonderkommission beginnt an der angegebenen Stelle zu suchen und findet tatsächlich am 1. März 1937 in einer Feldscheune in unmittelbarer Nähe des Gutes Remlin das Skelett einer Frau. Die Kleidung ist mit Ausnahme der Gummisohlen ihrer Turnschuhe völlig zersetzt. Das Alter der Toten wird auf 23 bis 30 Jahre geschätzt. Sie kann nicht identifiziert werden. Allerdings steht fest, dass Roloff von November 1930 bis November 1931 als Sekretär auf dem Gut Remlin gearbeitet hat. In den folgenden Tagen wird die Bevölkerung der Gegend von Gnoien befragt: Wer weiß von einer im Juni 1931 verschwundenen Frau?
Roloff fährt indessen fort, sich weiterer Morde zu bezichtigen, um die Ermittler in die Irre zu leiten. Einige seiner Angaben sind so haarsträubend, dass die Polizisten nicht darauf eingehen.
Am 5. Juli 1937 beginnt der Prozess vor dem Schwurgericht in Prenzlau. Die Verhandlung ist wegen des großen Zuschauerandranges in die Aula des städtischen Gymnasiums verlegt worden. Roloff, ein schlanker, mittelgroßer Mann, macht einen harmlosen, verschlossenen Eindruck. In der Verhandlung, die insgesamt fünf Tage dauert, kommt die Wahrheit jedoch vollends ans Licht: Der frühere Gutssekretär hat drei Männer getötet und die polnische Schnitterin nicht angefahren, sondern versucht, sie zu vergewaltigen und dann ermordet.
Am 9. Juli 1937 verkündet das Gericht sein Urteil: Roloff wird wegen vierfachen Mordes viermal zum Tod verurteilt. Am Morgen des 23. September 1937 wird er in Berlin-Plötzensee mit dem Fallbeil hingerichtet.

Stavenhagen

Im Trunke »abhanden gekommen«

Der tote Fischhändler im Wald

Ob Frost herrscht an diesem 9. Januar 1856, ist nicht überliefert. Ob Schnee gelegen hat, wer weiß das schon. Hat jemand die zwei finsteren Gestalten in Stavenhagen gesehen, die abends durch die Straßen geschlichen sind? Vielleicht. Aber niemand hat sich ihre Gesichter gemerkt.

An diesem Tag ist der Fischhändler Kohlhof aus Lehsten, ein jähzorniger, trunk- und streitsüchtiger Mann, mit seiner Frau nach Stavenhagen gegangen. Das ist nichts Ungewöhnliches. Die beiden kommen öfter aus ihrem Dorf in die nahe Stadt, um auf dem Markt Barsche, Hechte und Zander zu verkaufen. Jetzt im Winter läuft das Geschäft allerdings schlecht. Am Abend kehrt die Frau – das ist ungewöhnlich – ohne ihren Mann zurück. Hat sein Verschwinden etwas mit den Gestalten zu tun, die durch Stavenhagen geschlichen sind?

Am nächsten Tag erstattet die Frau Anzeige, dass ihr guter Gemahl in seiner Trunkenheit *»in der Stadt selbst abhanden gekommen sei.«* Ist der Kerl im Rausch in ein Eisloch im nicht ganz zugefrorenen Färberteich gefallen? Oder am Marktplatz falsch abgebogen? Oder im Daunenfederbett seiner Geliebten erstickt?

Drei Monate lang passiert nichts. Kohlhof taucht nicht wieder auf. Erst am 7. April 1856 wird er nördlich der Stadt im Grammentiner Wald nahe der mecklenburgischen Grenze gefunden. In seiner Brust stecken zwei Kugeln. Selbstmord scheidet aus, weil kein Gewehr in der Nähe liegt und der Fischhändler auch nie eins besessen hat – er pflegte seine Fische nicht mit der Büchse zu jagen.

»Aller Wahrscheinlichkeit nach ist also die Tödtung des Kollhoff durch einen Anderen bewirkt worden«, heißt es in den Akten. Die Polizei ermittelt – doch sie findet den Täter oder die Täterin nicht. Nur ein Gerücht kursiert. Der Knecht Heinrich Laß soll der Mörder sein. Der Mann hält sich inzwischen in Malchin auf. Briefe gehen zwischen den Ermittlungsbehörden hin und her – Bürokratie gibt es schon damals –, aber schließlich kommt die Untersuchung zum Erliegen. Keiner fühlt sich verantwortlich. Der Fall ruht sieben Jahre lang.
Dann werden die Untersuchungen wieder aufgenommen. Der mehrfach vorbestrafte Heinrich Laß steht 1863 nämlich wieder einmal wegen Diebstahls und Wilddieberei vor Gericht. Man erinnert sich jetzt auch wieder des Gerüchtes, er habe etwas mit dem Tod des Fischhändlers Kohlhof zu tun. Der Kriminalrat Hinrichsen wird nach Stavenhagen geschickt und verhört noch einmal die Witwe sowie die Toch-

In Stavenhagen – hier ist das Reuterdenkmal auf dem Markt zu sehen – kam Kollhoff »abhanden«.

ter des Fischhändlers. Durch die eindringliche Befragung Hinrichsens in die Enge getrieben, beschuldigen die beiden Frauen schließlich Heinrich Laß des Mordes. Die Witwe sagt aus, sie habe Laß am Tatabend abgeholt, beide seien dann zum Kupferschmied Gottlob Rödiger in Stavenhagen gegangen, dort habe sich Laß das Gewehr, die Tatwaffe, geben lassen. Was dann geschehen sei, wisse sie nicht. Dass sie mit Laß heimlich durch Stavenhagen geschlichen ist und ihn zu der Kneipe geführt hat, in der ihr Mann Fischhändlergarn spann, erwähnt sie nicht.

Der Kupferschmied Gottlob Rödiger muss nun als Zeuge gehört werden. Leider ist der Mann inzwischen nach Nordamerika ausgewandert, nach Chicago in Illinois. So wird die Sache staatstragend. Das Großherzoglich Mecklenburg-Schwerinsche Ministerium der auswärtigen Angelegenheiten wendet sich an den Großherzoglich Mecklenburg-Schwerinschen Vize-Konsul Robert Barth in St. Louis, schildert den Fall und bittet, Rödiger ausfindig zu machen.
Es gelingt. Rödiger wird vernommen. Wahrscheinlich macht er Aussagen, die schließlich zur Lösung des Falles beitragen und Heinrich Laß überführen. Jetzt wird auch das Motiv des Mordes deutlich: Der Fischhändler Kohlhof hat seine Frau und Kinder brutal misshandelt. Seine Frau, die ihn bei Diebstählen unterstützte und seine Tochter Marie, die ein »unzüchtiges Verhältnis« zu Heinrich Laß pflegte, hatten Laß schließlich überredet, Kohlhof zu beseitigen. Der Täter lockte sein Opfer am 9. Januar 1856 in den Grammentiner Wald und erschoss es dort.

Heinrich Laß, er ist mittlerweile als Frohner in Gnoien tätig, wird zu einer lebenslangen Haftstrafe verurteilt, die Witwe Kohlhof erhält 20 Jahre Zuchthaus, ihre Tochter Marie muss für zehn Jahre ins Zuchthaus.

Waren

Die geplünderte Gerichtskasse

Zur Nervosität eines Amtsgerichtssekretärs

Am 5. November 1919 verhandelt das Schwurgericht Güstrow einen nicht alltäglichen Fall. Angeklagt ist ein Mann, der seit fast 30 Jahren im Justizdienst steht: Friedrich Schobel aus Waren. Er arbeitet am Amtsgericht Waren als Sekretär, jetzt hat er sich wegen Unterschlagung amtlicher Gelder zu verantworten.

Die Verhandlung wird von Landgerichtsdirektor Krüger geführt, Mitrichter sind Landgerichtsrat Schmaltz und Landrichter Dr. Biereck – milde blickende Herren, die sich ihre Kaiser-Wilhelm-Schnurrbärte streichen und offensichtlich Verständnis für den Angeklagten aufbringen. Kein Wunder, gehört er doch auch zur Justiz, zwar nur als kleiner Sekretär in einem kleinen Amtsgericht, aber auch dort muss die Fahne der Gerechtigkeit hochgehalten werden. Gerade in diesen wirren Zeiten seit Ende des Großen Krieges! Der Kaiser ist geflohen, der Großherzog von Mecklenburg-Schwerin abgesetzt, überall mischen sich Sozialdemokraten und – schlimmer noch – diese Kommunisten ein. Dieser Pöbel und das politische Pack, denken die Herren Richter, sind sie nicht die wahren Probleme im Lande? Was kann dieser dürre, armselige Angeklagte, dessen Blicke hin und her fliegen, schon verbrochen haben?

Staatsanwalt Bannier verliest die Anklageschrift. Sie verrät Folgendes: Amtsgerichtssekretär Friedrich Schobel, 1890 in den Justizdienst eingetreten, arbeitet seit dem 1. April 1905 in Waren beim Amtsgericht. Seine Führung und Leistungen haben weder dort noch auf seinen früheren Dienststellen zu Beanstandungen geführt. Sein Gehalt in Waren belief sich zuletzt auf jährlich 3300 Mark, dazu hatte er aus Nebenämtern ein Einkommen von etwa gleicher Höhe. Vermögen ist nicht vorhanden, seine Familie besteht aus Frau und einem Sohn.

Die Richter blicken gelangweilt in den Saal. Hier sitzen auch die zwölf Geschworenen, rechtschaffene Leute, die aus ganz Mecklenburg heute in Güstrow zusammengekommen sind, um Recht zu sprechen.

Zu ihnen gehören der Zimmermeister Sommer (Krakow), Schuldirektor Dr. Ahrends (Güstrow), Gutspächter Lüth (Stuthof), Molkereiverwalter Berthien (Rostock), Müllermeister Koch (Bornmühle), Fischereipächter Möller (Rühn), Domänenpächter Sorge (Kölpin), Maurermeister Larisch (Sternberg), Kaufmann Wiechhusen (Gnoien), Ingenieur Thormann (Güstrow), Gutspächter Boldt (Neu-Steinhorst) und Kaufmann Spalding (Güstrow).

In Waren verschwand 1917 und 1918 Geld aus der Gerichtskasse.

Der Angeklagte rutscht nervös auf seiner Bank umher, sein Feldmausgesicht ist noch grauer geworden. Er hört seine Geschichte nicht gern. Er leugnet, spielt herunter und kann sich an nichts erinnern. Doch es gibt festgestellte Tatsachen: Am 31. Januar 1919 fand eine Visitation der von Schobel geführten Gerichtskasse statt, bei welcher eine Reihe von Unregelmäßigkeiten entdeckt und infolgedessen der Sekretär vorläufig seines Amtes enthoben wurde.

Nun legt man ihm zur Last, *»in den Jahren 1917 und 1918 als Gerichtskassenberechtigter in elf Fällen Gelder im Gesamtbetrag von etwa 1200 Mark, die er in amtlicher Eigenschaft empfangen und in Gewahrsam hatte, unterschlagen sowie in Beziehung auf diese Unterschlagung die zur Eintragung dieser Einnahmen bestimmten Akten, Bücher und Rechnungssachen unrichtig geführt zu haben«*. Dies berichten am 7. November 1919 die in Schwerin erscheinenden *Mecklenburger Nachrichten*.

Friedrich Schobel bestreitet jede Unterschlagung, er will das Geld in die Kasse gelegt haben. Wo es geblieben sei, wisse er nicht. Unregelmäßigkeiten und Unordnungen gibt er jedoch zu, er erklärt sie aber mit seiner Überlastung, seiner Krankheit und seiner Nervosität. Es sind Ausreden, die bei Richtern und Geschworenen jedoch zu keinen Nachfragen führen, zumal Schobel die festgestellten Fehlbeträge bereits erstattet hat. Der Schaden ist also behoben, wozu soll man dann noch nachbohren? Es gibt schwerere Vergehen.

Die Geschworenen beraten kurz, dann verkünden sie ihr Urteil: Der Angeklagte wird freigesprochen.

Jetzt fliegen Friedrich Schobels Blicke nicht mehr hin und her, sein Atem geht ruhig, er lehnt sich zurück. Seine Nervosität tritt offenbar nur phasenweise auf.

Vorpommern

Anklam

Fischers Fritzen

Die Ermordung der Ratsherren 1387

Im Mittelalter gehört Anklam zu den bedeutenden Hansestädten. Seit 1283 ist die Stadt an der Peene Mitglied des Kauffahrerbündnisses und entwickelt sich zu einem reichen und bedeutenden Ort mit großem Grundbesitz. Im Hafen werden Getreide, Fische und Tuche, aber auch Leder, Bier und Vieh verschifft. Zwei große Stadtkirchen zeugen vom Wohlstand der Bürger.

Einträglich ist insbesondere der Handel mit Heringen. Die Anklamer Fischer haben seit 1338 ein dänisches Privileg, in der Ostsee vor Schonen und später vor Bornholm ungehindert fischen zu dürfen. Eine Bruderschaft, die Bornholmer Burse, vertritt ihre Interessen.

Doch 1387 spitzt sich die Lage zu: Es gibt Streit über die Größe der Messgefäße beim Fischhandel. Der Rat der Stadt hat bei Kontrollen festgestellt, dass einige Gefäße zu klein sind – also beim Verkauf betrogen wird – und hat diese Gefäße auf dem Markt neben dem Pranger zerschlagen lassen. Die Fischer, die von dem Betrug profitiert haben, sind darüber wütend und beschließen, in der nahenden Fastenzeit den Verkauf von Fischen einzuschränken. Denn in diesen 40 Tagen vor Ostern, in denen nach Kirchengesetzen Fleisch, Eier und Butter nicht gegessen werden dürfen, sind Fische ein Hauptnahrungsmittel. Fehlen sie, haben die Menschen wenig zu essen. So sollen die Bürger aufgebracht und der Stadtrat unter Druck gesetzt werden. Denn allein die Ratsherren hätten die Rechte der Fischer verletzt und dies sei nun die Folge – so argumentieren Fischers Fritzen und schüren damit die Wut der Einwohner.

Am 25. März 1387 eskaliert die Situation. Dieser Tag, Maria Verkündigung, ist ein kirchlicher Festtag, an dem Maria – laut Lukas-Evangelium – die Geburt ihres Sohnes von einem Engel verkündet worden ist. Es ist ein besonderer, ein heiliger Tag – ihn nutzen die Fischer, um kurzerhand überhaupt keine Fische auf den Markt zu bringen. Die Bürger sind aufgebracht, ihnen knurren die Mägen, sie schimpfen nicht auf diejenigen, die so die Situation anheizen, sondern auf die Politiker. Bier und Schnaps erhitzen die Gemüter weiter.

Die in der Kirche versammelten Ratsherren erfahren davon, verlassen die Messe und begeben sich in das Rathaus. Dort beruhigen sie die aufgebrachten Bürger, der Mangel an Fischen werde so schnell wie möglich behoben. Aber schuld daran seien doch wohl die Fischer!

Das Volk rollt mit den Augen, schüttelt die Fäuste und marschiert zu den Fischern, um ihnen zwischen die Gräten

Altes Rathaus auf dem Markt in Anklam, gemalt von Karl von Höwel (um 1841)

zu fahren. Doch die Heringshändler sind clever, sie leugnen, rollen ihrerseits die Fischeraugen und schieben alles auf den Stadtrat. Der wolle Anklam verraten, denn er habe eine Botschaft an den pommerschen Herzog gesandt, in der stehe, dass der Herzog sämtliche städtischen Privilegien bekommen solle! Die Freiheiten der Bürger würden eingeschränkt und viele fromme Bürger umgebracht werden!
Das bringt die Heringstonnen zum überlaufen. Die sind eigentlich zwar leer, werden jetzt aber mit Flüchen, Wut und Gebrüll gefüllt. Die Fischer und das Volk schwärmen zum Rathaus, dringen mit Gewalt in die Ratsstube ein und schreien, man solle die Verräter, diese kommunalen Pfeffersäcke, alle umbringen.
Anwesend sind zufällig auch ein paar Handwerker und Bürger, die wissen, dass der Rat tatsächlich vor einigen Tagen eine Botschaft an den Herzog gesandt hat, in welcher der Landesherr aber lediglich gebeten wird, bei der Beendigung der Unruhen zu helfen.
Die Handwerker glauben in ihrer Aufregung jedoch den Worten der Fischer, wittern Verrat, legen Hand an die Ratsmitglieder und erschlagen den Bürgermeister Hartwig Thobringh und alle anwesenden Ratsherren. Die Leichname schleppen sie zum Steintor hinaus und verscharren sie auf dem Jakobi-Kirchhof.

Anklam in Aufruhr. Es sind Morde, wie es sie noch nie in der Stadt gegeben hat und später nicht mehr geben wird.

Barth

In der Siedlung West

Im Sommer 1942 geschieht hier ein dreifacher Raubmord

Am 27. August 1942 dringt ein fremder Mann morgens gegen neun Uhr in ein einsam gelegenes Haus in Barth ein. Es wird von der Familie Heldt bewohnt. Der Mann ist auf der Suche nach Kleidung, Geld und Essen – und tötet darum drei Menschen. Am 1. September 1942 berichtet die *Kösliner Zeitung* darüber: *»In einem Haus der Siedlung Barth-West wurde ein Raubmord entdeckt, dem die 55 Jahre alte Frau Heldt, eine 15jährige Tochter und ein 1½jähriger Enkel zum Opfer fielen. Als Täter kommt der 23jährige entwichene Strafgefangene Erich Thiel in Frage, der aus Altcamp (Rügen) stammt. Thiel ist 1,75 m groß, schlank, hat schmales Gesicht, hellblondes, volles Haar und vermutlich eine Zahnlücke im vorderen Oberkiefer. Er trägt wahrscheinlich einen grauen, längsgestreiften Anzug, weißes Hemd und führt möglicherweise Gefängniskleidung, lange Flieger-Extrahose, Fliegerhemd, weiße Sportmütze, schwarzen Lackhandkoffer mit gelben Rändern, Lebensmittelkarten auf den Namen Heldt sowie ein Postsparbuch und den dazugehörigen Ausweis auf den Namen Liesbeth Heldt mit sich. Die Bevölkerung wird zur Mitfahndung aufgefordert. Meldungen an jede Polizeidienststelle oder direkt an die Mordkommission Barth, Anruf Barth 206.«*

Nur sechs Tage später, am 7. September, wird Thiel in Ostpreußen bei seiner dort lebenden Mutter verhaftet und ins Gefängnis nach Stettin gebracht. Er legt ein umfassendes Geständnis ab: Er habe die Tat verübt, um in den Besitz von Kleidung und Bargeld für seine Flucht zu gelangen. Ein Teil der geraubten Sachen wird noch bei ihm gefunden.

Knapp drei Wochen später, am 26. September, tagt in Barth das Stettiner Sondergericht. Es verurteilt in seiner Sitzung den Angeklagten *»als Gewaltverbrecher und Gewohnheitsverbrecher wegen dreifachen Mordes zum Tode«*, wie die *Kösliner Zeitung* am 29. September berichtet. In nationalsozialistischem Ton und mit radikalen Worten, die damals in der gleichgeschalteten Presse üblich sind, heißt es weiter:

»Als der Vorsitzende das Urteil verkündete, wies er auf die Gefährlichkeit des abgeurteilten Verbrechers hin und betonte, daß sich hier ein Verbrecherschicksal mit unerbittlicher Logik erfüllt habe. Der Mörder von Barth habe sich als einer der größten Verbrecher erwiesen, die bisher vor den Schranken des Stettiner Sondergerichts erschienen seien. Der Staatsanwalt brandmarkte in seinem Plädoyer den Angeklagten als eine vertierte Bestie, bei dem keine Gnade und Milde, wohl aber mittelalterliche Strafmethoden am Platze seien. Er habe drei blühende Menschenleben meuchlings gemordet, darunter eine Mutter, die 16 Kindern das Leben geschenkt habe.«

In der Barther Innenstadt hob Thiel Geld ab und kaufte Kuchen.

Der vorsitzende Richter und der Staatsanwalt sehen, typisch für deutsche Juristen dieser Zeit, in dem Täter keinen Menschen, sondern ein Monster.
Die Zeitung veröffentlicht nun auch Einzelheiten zur Tat: *»Als am 27. August 1942 die Frau des Arbeiters Heldt in ihr einsam in der Siedlung Barth-West gelegenes Wohnhaus mit einer bangen Ahnung zurückkam, daß sie ihre Kinder seltsam hatte schreien hören, ahnte sie nicht, daß sie in kurzer Zeit selbst das Opfer des Mörders sein würde, der sofort auf sie zustürzte. Er warf die schreiende Frau zu Boden, würgte sie und schlug brutal mit den Fäusten auf sie ein. Da die Frau sich energisch wehrte, schleppte er sie kurzerhand an einen kleinen Wassergraben und stieß sie solange mit dem Kopf ins Wasser, bis die Bedauernswerte ihr Leben aushauchte. Vorher hatte der gewissenlose Mörder die 15jährige Tochter Anni der Frau Heldt und ihren anderthalbjährigen Enkel Dieter, den Anni auf dem Arm trug, in grausamster Weise mit einem Besen erschlagen. Auf die Schreie der Kinder war Frau Heldt hinzugekommen. Sie wurde das dritte Opfer.«*

Thiel war zuvor von einem Sträflingskommando entwichen. Nach seiner Tat zog er die Kleidung des Mannes von Frau Heldt an, frühstückte und nahm weitere Kleidungsstücke, Lebensmittelkarten und ein Sparbuch mit. Die Sachen packte er in einen Koffer, ging dann zu Fuß in die Barther Innenstadt und hob von dem Sparbuch 90 Mark ab. Danach kaufte er sich bei einem Bäcker Kuchen, fuhr nach Stralsund, erledigte dort noch einige kleine Einkäufe, reiste weiter mit der Bahn nach Berlin und von dort nach Ostpreußen zu seiner Mutter.

Nach dem Urteil des Sondergerichtes hat Thiel nur noch einen Monat zu leben. Am 24. Oktober 1942 wird er in Stettin hingerichtet.

Ducherow

Der fliegende Hut

Der Mord an Pastor Gustav Kappel 1930

Gustav Albert Wilhelm Kappel ist ein Mann, der Hüte wirft. Nicht vom Kirchturm, nicht von der Kanzel, sondern im Konfirmanden-Unterricht. Damit sorgt der gutmütige, aber resolute Mann für Ordnung. Die Schüler haben ihren Spaß. Sie kichern und glucksen im Unterricht. Wenn der Schlapphut angezischt kommt, ziehen sie die Köpfe ein. Wer es nicht schafft, spuckt Fusseln. Dann lachen die anderen abgöttisch laut.

In der Nacht vom 1. zum 2. Juli 1930 wirft Gustav Kappel seinen Hut nicht. Er schläft friedlich in seinem Bett im Ducherower Pfarrhaus, bevor sich die Ereignisse nach Mitternacht überstürzen.

Gegen zwei Uhr wacht der Pastor plötzlich auf und horcht. Was war das da eben? Ein Geräusch? Von wo kam es? Kappel hält den Atem an und richtet sich auf. Da, da ist es wieder. Es kommt aus dem ersten Stock. Der 59-Jährige springt auf, tritt aus dem Zimmer und überrascht zwei Männer, die anscheinend durch das im Hochparterre gelegene Fenster in das Pfarrhaus eingedrungen sind. Was dann geschieht? Niemand weiß es genau.

Die *Landeszeitung für beide Mecklenburg und die Nachbargebiete* berichtet am 3. Juli 1930 über die Ereignisse: *»Am Mittwoch morgen wurde in Ducherow der Ortsgeistliche Pastor Gustav Kappel als Leiche in seinem Arbeitszimmer aufgefunden. Neben ihm lagen mehrere Patronenhülsen, welche sofort auf ein Verbrechen schließen ließen. Ein Schuß in den Kopf hatte den Tod herbeigeführt. Ferner wurden noch ein Bauch- und Brustschuß festgestellt.«*

Kappel, 1871 in Baldekow bei Kolberg geboren, ist seit dem 15. November 1900 Pastor in Ducherow bei Anklam gewesen. Er hat nicht nur seinen Hut zwischen Konfirmanden geworfen, den Sportverein mit geleitet und die Gottesdienste in der Gemeinde gehalten. Bis Ende 1929 hat der Witwer auch die Kasse des hiesigen Spar- und Darlehensvereins verwaltet. Wollten die Einbrecher an dieses Geld heran?
Die mit im Pfarrhaus wohnende 28-jährige Margarete Minna Kappel, die Tochter des Pastors, hat in der Nacht Schreie gehört, die über 90-jährige Schwiegermutter des Geistlichen nicht. Die Tochter eilt ihrem Vater zu Hilfe, kommt jedoch zu spät. Die Verbrecher sind, ohne den Diebstahl ausführen zu können, geflohen. Gustav Kappel kann noch sagen, dass es ein älterer und ein jüngerer Mann gewesen seien, dann stirbt er.
Am Vormittag des 2. Juli treffen Staatsanwaltschaft und Mordkommission aus Greifswald am Tatort ein. Seit dem Morgen riegeln Landjäger die Gegend um Ducherow ab, zusammen mit weiteren Polizisten suchen sie systematisch nach den Tätern. Befragungen ergeben, dass vor dem Mord

Im Ducherower Pfarrhaus geschah der Mord.

»von den gleichen Tätern in die Villa des Sägewerksbesitzers Wolff in der Stettiner Straße eingebrochen« wurde, wie die *Landeszeitung für beide Mecklenburg* berichtet. Sie hätten sich *»an Konserven, Brot und Schinken an Ort und Stelle gesättigt«* und eine etwa 16 Pfund schwere Speckseite mitgenommen. Die Männer seien mit Fahrrädern unterwegs gewesen.

1 000 Mark Belohnung werden für Hinweise, die zur Verhaftung der Täter führen, ausgesetzt. In letzter Zeit sind in Pommern zahlreiche Einbrüche in Pfarrhäusern verübt worden. Sind es immer dieselben Täter?

Noch am 2. Juli 1930 werden in Cammin zwei, in der Gegend von Greifswald mehrere und am Abend des 3. Juli in Treptow an der Tollense (Altentreptow) weitere zwei verdächtige Personen festgenommen. Bei allen stellt sich schnell heraus, dass sie nichts mit dem Mord zu tun haben.

Drei Tage nach seiner Ermordung wird Gustav Kappel am 5. Juli 1930 mit einer feierlichen Zeremonie in Ducherow beigesetzt. Das Grab des Pastors und seiner Ehefrau befindet sich noch heute (2016) auf dem Ducherower Friedhof.

Die Mörder werden schließlich doch gefasst und im November 1930 vom Schwurgericht Greifswald verurteilt: Der 22-jährige Pole Isidor Kidrowski erhält wegen Mordes eine lebenslängliche Zuchthausstrafe, der 23-jährige Russe Alexander Krugow als Mittäter 15 Jahre Zuchthaus.

Das Grab der Eheleute Kappel

Graal-Müritz, Stralsund
Eine Eifersuchtstragödie 1939

Die Geschichte der Familie Lorenz

In der Nacht vom 2. auf den 3. Februar 1939 rollt ein Auto durch Vorpommern. Am Steuer sitzt der 38-jährige Gutspächter Ernst Joachim Hans Lorenz aus Goldevitz auf Rügen. Sein Ziel: das »Haus Rheinland« in Graal-Müritz. Es liegt im westlichen Ortsteil Graal und gehört der Schwiegermutter des Landwirtes. Deren Tochter Luise, die Ehefrau von Lorenz, hält sich ebenfalls dort auf.

Der Landwirt, ein jähzorniger Charakter, ist voller Wut und Enttäuschung. Seine Frau will sich scheiden lassen und lebt seit kurzer Zeit von ihm getrennt.

Vor dem Landgericht Greifswald läuft bereits der Ehescheidungsprozess. Die Frau hat dort eine einstweilige Verfügung erwirkt, dass die gemeinsamen Kinder, die kleinen Söhne Peter (*1933), Joachim (*1935) und Christian (*1936) zu ihr nach Graal-Müritz kommen können.

Gegen 23 Uhr trifft Lorenz im Ostseebad ein, im »Haus Rheinland« ist schon alles dunkel. Er schlägt ein Fenster ein, steigt in die Wohnung, überrascht die Frauen im Schlaf und feuert mehrere Schüsse auf sie ab. Seine Schwiegermutter, die 56-jährige Gertrud Grupe, und seine 31-jährige Frau Luise sterben, wie der *Rostocker Anzeiger* am 3. Februar 1939 berichtet: *»Mit einer Pistole ermordete er seine Schwiegermutter durch einen sofort tödlich wirkenden Herzschuß und seine Frau durch einen Leberschuß. Dann verließ er das Haus wieder durch das Fenster und fuhr nach Stralsund«.*

Lorenz stammt aus Düsseldorf, hat in Berlin Landwirtschaft studiert, dort seine Frau kennengelernt und sie im Dezember 1932 in Rostock geheiratet. Sein Vater, ein Tuchfabrikant in Essen, finanzierte dem Brautpaar das Klostergut Goldevitz südlich von Rambin auf Rügen. Auf das Gut kam auch des öfteren der Stralsunder Tierarzt Dr. Georg Laß, um sich um Pferde, Schweine und Kühe zu kümmern. Hat er sich der Ehefrau des Gutspächters genähert? Ist er ihr Liebhaber? Das jedenfalls glaubt Lorenz. Darum fährt er nun direkt zu Dr. Laß nach Stralsund in die Sarnowstraße 21.

Hier wohnt der Tierarzt im dritten Stockwerk. Nachts gegen 2.30 Uhr hält Lorenz vor dem Haus, wie der *Rostocker Anzeiger* am 3. Februar 1939 schildert: *»Lorenz klopfte den Hausmeister heraus, der ihn als guten Bekannten einließ. Lorenz zertrümmerte das Fenster der Korridortür zur Wohnung des Dr. Laß, drang so in die Wohnung ein und erschoß den Tierarzt. Mit dessen Fernsprecher rief Lorenz danach einen Freund an, teilte ihm den dreifachen Mord mit und bat ihn, sich der drei Lorenzschen Kinder [...] anzunehmen. Im nächsten Augenblick tötete sich Lorenz durch einen Kopfschuß.«*

Der Täter Ernst Joachim Hans Lorenz und sein Sohn Peter um 1935

Der Stralsunder Freund, ein ehemaliger Landwirt von Rügen, hört den Schuss, mit dem sich der Gutspächter tötet, noch am Telefon. Er verständigt sofort die Kriminalpolizei. Als diese am Ort des Verbrechens eintrifft, findet sie die Leiche von Dr. Laß vor, in einem weiteren Zimmer liegt der tote Lorenz. Es ist das Ende einer Eifersuchtstragödie.
Während der Tierarzt in Stralsund beigesetzt wird, werden die drei anderen Getöteten am 9. Februar 1939 auf dem Neuen Friedhof in Rostock beerdigt. Wenige Monate später, am 16. Juni 1939, werden die Urnen von Luise und Ernst Joachim Hans Lorenz nach Essen überführt. Hier lebt die Mutter des Täters, Anna Lorenz, eine resolute Frau, die sich der drei kleinen Kinder ihres Sohnes annimmt und sie aufzieht.

Das älteste Kind, Peter Lorenz, lebt im Jahr 2016 in Essen. Der 83-Jährige berichtet, dass die Tat in der Familie jahrzehntelang totgeschwiegen wurde. Man erzählte den Kindern, ihre Eltern seien mit dem Auto vom Rügendamm ins Meer gestürzt und so zu Tode gekommen.
Im Jahr 2013 findet Peter Lorenz in einem alten Karton, den er aus dem Nachlass seines Bruders Joachim übernommen hat, alte Familienfotos und Dokumente, unter anderem die Sterbeurkunde seines Vaters. In der wird als Todesort die Sarnowstraße 21 in Stralsund angegeben. Dies passt jedoch nicht zur überlieferten Familienversion.
Peter Lorenz beginnt nachzuforschen, auch mit Hilfe seines Schweriner Cousins Friedrich-Karl Curschmann, und findet Stück für Stück die Wahrheit heraus.

Es ist eine furchtbare Wahrheit, die ihn erschüttert – doch für ihn sind die Recherchen unerlässliche Schritte auf dem Weg zu seiner wahren Identität.

Greifswald
Die falschen Trüffel

Was windige Weiber verkaufen

Der Juli ist in Pommern ein Monat eindrücklicher Naturschauspiele. Wenn frühmorgens die Sonne aus der Ostsee steigt, wabert der Nebel expressionistisch über die Wiesen bei Greifswald, die Weizenfelder zwischen Eldena und Lubmin sind große wispernde Teppiche, und in den Wäldern bei Hanshagen schießen nach dem Regen der letzten Tage tausende Pilze wie schaurige Finger aus der Erde. Einige sind genießbar, andere bringen den Tod.

Am 29. Juli 1916 geht eine Frau aus Hanshagen zum Greifswalder Wochenmarkt. Sie verkauft weder Fisch noch Fleisch, keinen Schafskäse und keine Kartoffeln aus ihrem Garten: Sie bietet frische Trüffel an, selbst gesucht im dichten Wald. Diese Pilze sind eine Delikatesse. »Trüffel, frische Trüffel!« ruft die Arbeiterfrau. Sie heißt Christiane Dietrich und ist 61 Jahre alt.

»Hm, die sehen ja wirklich gut aus. Wo haben Sie die denn her?« fragt eine Kaufmannsfrau.

»Aus dem Hellbusch. Gestern gesammelt. Hier, riechen Sie mal.« Die Arbeiterin hält der städtischen Dame ihre Ware unter die Nase.

»Sehr gut, ich nehme ein Kilo.«

»Eine kluge Entscheidung, gnädige Frau.« Die Alte lächelt. Die Kaufmannsfrau trägt die Pilze nach Hause und will sie ihrem Gemahl zubereiten. Doch als sie die großen gelben Knollen aufschneidet, verbreitet sich ein stechender scharfer Geruch: »Himmelherrgott, das können doch keine Trüffel sein!« Die Frau läuft zur Greifswalder Ratsapotheke und lässt die Pilze untersuchen. Nach einer Minute steht das Urteil des Apothekers fest: »Das sind Kartoffelboviste. Ungenießbar. Davon wird Ihnen übel und Sie bekommen Verdauungsstörungen. Wenn Sie größere Mengen essen, können Sie sogar ohnmächtig werden.«

»Aber ich habe sie doch vorhin auf dem Wochenmarkt gekauft. Hier genau gegenüber. Als Trüffel!«

»Tja, Verehrteste, da hat man Sie wohl betrogen. Moment«, der Apotheker runzelt die Stirn, »da war doch heute schon mal jemand da.« Er erinnert sich, dass morgens eine Pilzsammlerin in die Apotheke gekommen war und Kartoffelboviste untersuchen ließ. »Ich habe ihr gesagt, die seien giftig. Sie meinte, dann esse sie die Pilze eben selbst. Ich warnte sie: ›Wenn Sie das tun, können Sie schon morgen tot sein‹. Wie sah die Dame aus, die Ihnen die Dinger verkauft hat?«

Die Beschreibung der Pilzsammlerin lässt keinen Zweifel zu: Es handelt sich um die Arbeiterfrau aus Hanshagen. Sofort kommen die falschen Trüffel zur Anzeige.

Auf dem Greifswalder Marktplatz wurden die Pilze verkauft.

Wenige Monate später, im Herbst 1916, verurteilt das Greifswalder Schöffengericht Christiane Dietrich wegen Verstoßes gegen das Nahrungsmittelgesetz zu drei Monaten Gefängnis.
Doch das windige Weib geht in Berufung. Dafür legt sie sich eine neue Taktik zu. Vor der Berufungskammer behauptet sie im Februar 1917: »Ich bin erst, nachdem ich die Pilze an die Dame verkauft hatte, in die Apotheke gegangen, um sie untersuchen zu lassen.«
»Wen? Die Dame oder die Boviste?«
»Die Pilze natürlich. Den Wochenmarkt hab ich danach nicht mehr betreten. Übrigens esse ich öfter solche Pilze und habe noch nie einen Schaden erlitten.«
Der vom Gericht bestellte Gutachter meint hingegen: »Die Boviste sind mindestens stark gesundheitsschädlich! Es war grob fahrlässig, sie zu verkaufen.«
Es bleibt bei drei Monaten Haft. Die Dietrich tobt vor Wut und denkt insgeheim: ›Ich sollte allen, die hier sitzen, eine schmackhafte Knollenblätterpilzsuppe kochen. Mit Kräutern aus dem eigenen Garten. Wie wäre das, meine Herren? Sie können auch einen Nachschlag bekommen!‹
Und die Kaufmannsfrau? Vielleicht hat sie es später bereut, ihrem Gemahl das Mahl nicht zubereitet zu haben. Eine ungenutzte Chance ...

Kartoffelboviste

Greifswald

Das Komplott

Die Ermordung Heinrich Rubenows 1462

Am 31. Dezember 1462 erschüttert ein Mord die Hansestadt Greifswald. Denn das Opfer ist kein Hühner- oder Tagedieb, kein Bettler, der durch die Gassen schleicht und den Fischfrauen auf dem Markt einen Hering stiehlt, nein, es ist der reichste Mann der Stadt: Heinrich Rubenow, seines Zeichens Bürgermeister und Rektor der von ihm 1456 gegründeten Universität.
Rubenow – hochgebildet, Autor theologischer Texte, Doktor in beiden Rechten und Rechtsprofessor an der Greifswalder Alma Mater – hatte der jungen Universität viele Tausend Mark und wertvolle Bücher geschenkt. Er war an der Errichtung der Stiftskirche St. Nikolai beteiligt, außerdem hatte er sechs Klerikerpfründen fundiert und mit entsprechenden Gütern ausgestattet. Doch sein Reichtum und Einfluss hatten auch viele Neider und Feinde auf den Plan gerufen. Seit Jahren schon formierten sich Rubenows Gegner in der Stadt, sie hatten ihn 1457 sogar schon einmal vertrieben. Doch er war wieder zurückgekehrt und hatte mit eiserner Hand weiterregiert.
Jetzt, am Silvesterabend 1462, gehen zwei Männer ins Greifswalder Rathaus – und erschlagen Heinrich Rubenow wie einen Hund. Ein Mörder, der Handwerksbursche Claus Huremann, hat ein Beil dabei. Der Zeitgenosse Johann Hertze schreibt über die Tat: »*Da kamen dahin sogleich zwei böse Buben. Der eine blieb vor der Tür stehen, daß niemand hinein ginge. Und der andere ging zu dem Bürgermeister, so als ob er bei ihm was zu schaffen hätte. Als er zu ihm kam, da zog er eine Axt heraus, die er unter seinem Mantel verborgen*

hatte, und spaltete dem Bürgermeister den Schädel und schlug ihn tot. [...] Viele Leute erzählten sich, jene Tat wäre den Mördern angetragen worden; etliche aus dem Rat hätten die Tat wohl in Auftrag gegeben.«

Heinrich Rubenow ist vielen Ratsherren zu mächtig geworden, er führt sich ihrer Meinung nach wie ein Stadt-Tyrann auf. Er verstößt – in der politischen Führungsschicht – gegen die Regeln, ja, gegen alle Formen oligarchischer Gleichheit. Er polarisiert und spaltet – und stellt damit die Herrschaft des Rates insgesamt in Frage.

Wenige Tage nach dem Mord wird der Bürgermeister in der Kirche des Franziskanerklosters in der Mühlenstraße (heutiges Gelände des Pommerschen Landesmuseums) beerdigt. Seine Mörder sind – das wird später klar – nur Handlanger der Oppositionsführer Dietrich Lange und Nikolaus von der Osten. Diese haben zusammen mit dem pommerschen Herzog Erich II. ein mörderisches Komplott geschmiedet.

Nach dem Mord gehen die Machtkämpfe zwischen der Familie Rubenows, die von einflussreichen Freunden unterstützt wird, und den Gegnern in der Stadt weiter. Letztendlich marschiert Anfang April 1463 Herzog Erich II. in Greifswald ein, um die Auseinandersetzungen zu beenden. Er kommt mit 300 Berittenen, die vor der Stadt lagern. 40 von ihnen dürfen die Stadttore passieren. Sie besetzen das Rathaus – es ist ein bewusst eindrucksvolles Machtschauspiel.

Heinrich Rubenow um 1460 (Historischer Stich)

Man ruft den gesamten Rat auf dem Rathaus zusammen und zwingt die Ratsherren dazu, dem Herzog zu huldigen und zu schwören, ihm treu ergeben zu sein.
Danach lässt Erich II. alle Verwandten und Freunde des ermordeten Heinrich Rubenow vor sich bringen und befiehlt, dass zehn von ihnen Greifswald verlassen sollen, um sich in andere Städte zu begeben. Sie sollen verbannt werden. Dies ist nach der Todesstrafe die härteste Strafe, die innerhalb einer Stadt verhängt werden kann. Doch die Angehörigen weigern sich. Und wieder verstreicht Zeit.
So wird es Sommer. Am 10. August 1463 erscheinen die beiden immer noch freien Mörder Rubenows – der Handwerksbursche Claus Huremann und der Leineweber Damerow – vor dem Rat und bezichtigen die gerade gewählten neuen Bürgermeister Dietrich Lange und Nikolaus von der Osten der Mitwisserschaft an dem Verbrechen. Diese Herren hätten sie zu der bösen Tat angestiftet und ihnen Straffreiheit zugesichert.
Das ist ein ungeheurer Vorwurf. Es kommt zu Tumulten und Versammlungen in Greifswald. Das blutige Ergebnis: Die beiden neuen Bürgermeister werden hingerichtet.
Was mit den beiden tatsächlichen Mördern geschehen ist, verschweigen die Quellen. Wahrscheinlich entkommen sie ungestraft.

Das Rubenow-Denkmal auf dem Greifswalder Rubenowplatz erinnert seit 1856 an den Bürgermeister.

Gützkow, Greifswald

Das geschwungene Tischbein

Wie man aus einem Gerichtssaal Kleinholz macht

Im Oktober 1918 ist der Erste Weltkrieg für das Deutsche Reich längst verloren. Soldaten fluten in die Heimat zurück, sie haben die Nase voll von Kaiser und Vaterland, für die sie ihre Haut zu Felde getragen haben. Zittert des Kaisers Schnurrbart vor diesen mutlosen, aber entschlossenen Menschen? Wen treffen Sie zu Hause an? Sind die Daheimgebliebenen auf die schiefe Bahn geraten? Einige.

In Greifswald zum Beispiel steht in diesen Tagen der Ackerbürgersohn Robert P. vor Gericht. Dem 24-Jährigen aus Gützkow wird von der Staatsanwaltschaft vorgeworfen, dass er zu Beginn des Jahres 1918 versucht habe, in Greifswald den Vorsitzenden Richter der Ersten Strafkammer und den Ersten Staatsanwalt zu töten. Harte Vorwürfe. Was war geschehen?

Robert P., ein Gescheiterter, ein unverbesserlicher Dieb, ist in seinem Leben nie zurechtgekommen. Hat ihn die Zeit aus der Bahn geworfen? Welche Verantwortung trägt er selbst? Was hat ihn geprägt? Er stammte aus Verhältnissen, die ihm keine Richtung, keinen Halt geben konnten. Immer wieder stahl er und schlug andere Menschen zusammen. Mehrfach wurde er wegen Diebstahls, Körperverletzung und versuchten Sittlichkeitsverbrechens verurteilt. Alle Urteile zeigten keine Wirkung.

Eines Nachts schlich er sich in die Scheune eines Gastwirtes in Gützkow. Sein Ziel: der dort lagernde Roggen. Zehn Zentner schaffte Robert P. heimlich fort und verkaufte sie. Die Tat blieb weder unentdeckt noch ungesühnt. Der Dieb wurde Anfang 1918 in Greifswald wieder einmal vor Gericht gestellt. Schweigend hörte er der Verhandlung zu. Doch als das Urteil verkündet wurde – ein Jahr Gefängnis – drehte er durch, sprang von der Anklagebank auf, stürmte auf den Tisch zu, an dem die Zeugen vernommen worden waren, und brach zwei dicke Tischbeine ab.

Die Anwesenden waren geschockt. Zerlegte der Mann jetzt den Saal? Zuerst die Tische, dann das Gestühl? Brennholz war in diesen Zeiten – weil knapp – begehrt.

Die folgende Szene muss man sich wohl so vorstellen: Robert P., laut brüllend, dass die Spucke fliegt, läuft auf den Vorsitzenden der Strafkammer, den Landgerichtsdirektor Prützmann, zu. Der Angreifer schwingt ein Tischbein über dem Kopf, dass die Luft pfeift. Sein Ziel: der Kopf des Richters. Aber der Landgerichtsdirektor, gelähmt vor Schreck, hat Glück. Über seinem Tisch ist ein Gasarm für das Licht angebracht. Der Verurteilte drischt auf den Gasarm anstelle des Richterkopfes ein. Dies bereitet ihm allerdings nur vorübergehend Freude. Er schaut sich um und erblickt den Ersten Staatsanwalt. Ja, der Geheime Justizrat Hübschmann ist ein vortreffliches Ziel. Seine Glatze

Der Täter Robert P. stammte aus Gützkow.

glänzt so schön, sie kann ein paar Schrammen vertragen. Der Staatsanwalt schützt seinen Kopf mit den Armen, er wehrt die Schläge so ab. Sie sind aber so kräftig, dass ein Unterarm bricht. Richter, Zeugen und andere springen hinzu, um den rasenden Ackerbürgersohn festzuhalten. Es gelingt ihnen kaum, denn der Verurteilte schüttelt alle ab, schlägt um sich, ist nicht unter Kontrolle zu bringen. Als man ihm das Tischbein endlich entwindet, reißt er ein Thermometer von der Wand und haut damit weiter um sich. Schließlich gelingt es den Männern, den Tobenden zu überwinden und zu fesseln.

Im Oktober 1918 muss Robert P. sich für sein Verhalten vor dem Schwurgericht Greifswald verantworten. Die Anklage lautet auf versuchten Totschlag. Der Gützkower kann sich natürlich an nichts mehr erinnern. Was war das damals? Was soll er getan haben? Nein, davon weiß er nichts mehr. Tut ihm leid.

Ein ärztliches Gutachten weist P. als Epileptiker aus, der im Februar *»nicht im Besitz der freien Willensbestimmung war«*. Die Staatsanwalt geht nicht darauf ein und beantragt eine Strafe von vier Jahren Gefängnis. Der Verteidiger plädiert auf Freispruch.

Die Verhandlung, nun, sie ist nicht so turbulent wie beim vorigen Mal. Das Schwurgericht verhört alle Zeugen, zieht sich danach zur Beratung zurück und verkündet schließlich sein Urteil: ein Jahr Gefängnis wegen gefährlicher Körperverletzung des Staatsanwaltes. Ob und wo der Gützkower seine Strafe abgesessen hat und was danach aus ihm geworden ist, bleibt unbekannt. Vielleicht hat er als Holzhacker sein Geld verdient – bei den Fähigkeiten.

RÜGEN

Herr Tessnow und Dr. Uhlenhuth

Kindermorde auf Mönchgut

Dieser Sommer ist anders als alle anderen zuvor. Am Abend des 1. Juli 1901 verschwinden im Seebad Göhren die beiden Söhne des Fuhrmanns Grabbert, der eine fünf, der andere sieben Jahre alt. Der Vater sucht zusammen mit dem Gendarmen Panzlaff nach den Kindern – vergebens. Als der Gendarm morgens gegen drei Uhr nach Hause geht, setzt der Fuhrmann die Suche allein fort. Am Morgen findet er seine Söhne in einem Kiefernwald zwischen Göhren und Baabe. Sie sind grässlich zugerichtet. Dem Jüngeren ist der Schädel eingeschlagen, der Hals bis zur Wirbelsäule durchtrennt und der Rumpf mit einem Schnitt durch den gesamten Unterleib geöffnet worden. Das Herz fehlt. Auch der Schädel des Älteren ist mit einem Stein, der in unmittelbarer Nähe liegt, zertrümmert und sein Körper in der Mitte durchtrennt worden. Das Becken mit den Beinen fehlt, es wird erst später gefunden.
Zeugen werden befragt, unter ihnen eine Obsthändlerin. Sie hat gesehen, wie ein Mann die beiden Jungen am Mordtag angesprochen hat. Er wohnt im benachbarten Baabe, sein Name: Ludwig Tessnow.
Er wird noch am 2. Juli abends zwischen Binz und Sellin in der Nähe der Waldhalle, einer Ausflugsgaststätte, festgenommen. Seine Kleidung weist zahlreiche dunkle Flecke auf, die der Tischlergeselle als Holzbeize ausgibt. Er wird, bewacht von zwei Gendarmen und Feuerwehrleuten, mit der Kleinbahn zum Tatort gebracht, um der Leichenschau beizuwohnen, danach überführt man ihn im Zug nach Stralsund. Das *Demminer Tageblatt* berichtet darüber am

5. Juli 1901: »*In Putbus stand eine mit Knüppeln bewaffnete Menschenmenge auf dem Bahnhofe. Als die Kleinbahn angebraust kam, wurde der Wagen, in dem der Mörder unter Bewachung eines Gendarmen sich befand, von den Neugierigen umringt. Alle wollten den Verbrecher sehen. Die wüthende Menge schlug fast die Fenster ein. ›Schlagt den Hund nieder!‹ ›Gebt die Bestie her!‹ und andere Zornesausbrüche erschollen. Alle waren entrüstet über die Frevelthat in Göhren und hätten am liebsten den Mörder todtgeschlagen.*«
Es gelingt, Ludwig Tessnow unversehrt nach Greifwald in Untersuchungshaft zu bringen. Die Ermittlungen ergeben: Am Tag vor dem Mord ist Tessnow, der als fleißiger, stiller Arbeiter beschrieben wird, durch sein gesprächiges und heiteres Wesen aufgefallen. Er trank Alkohol, erschien am Mordtag nicht zur Arbeit und machte nun auf Leute, die ihn sahen, einen verstörten Eindruck.
Die Ermittlungen ergeben weiter: Bevor Tessnow nach Baabe kam, arbeitete er in Sagard auf Rügen. Dort wurden zu dieser Zeit sechs Schafe auf grausame Weise getötet. Zuvor, im März 1901, hatte der Tischler in Neuenhagen auf Rügen eine junge Frau überfallen, die jedoch fliehen konnte. Bereits 1898 wurde er verdächtigt, bei Osnabrück zwei Mädchen ermordet zu haben. Ihre entkleideten, zerstückelten und ausgeweideten Körper wurden in einem Wald gefunden. Tessnow bestritt damals die Tat hartnäckig und erklärte, die auffälligen Flecke an seiner Kleidung seien Holzbeize, kein Blut. Er kam wieder frei.
Vom 21. März bis 29. April 1902 wird der Tischler in der Provinzialheilanstalt Ueckermünde beobachtet. Das Ergebnis: Er leide unter Epilepsie und habe seine Straftaten mit großer Wahrscheinlichkeit in einem epileptischen Dämmerzustand begangen. Sechs Psychiater vertreten diese These in der Gerichtsverhandlung in Greifswald. Tessnow selbst sagt, er habe weder die Kinder noch die Schafe getötet. Doch der

Biologe Dr. Paul Uhlenhuth aus Greifswald weist nach, dass sich an Tessnows Kleidung neben Tischlerbeize auch Menschen- und Tierblut befindet. Denn Uhlenhuth hat im März 1901 eine neue Methode entwickelt, Blut von anderen Flüssigkeiten und Menschen- von Tierblut zu unterscheiden. Somit wird erstmals ein Verdächtiger aufgrund einer Blutprobe verurteilt, ein Wendepunkt in der Geschichte der forensischen Wissenschaft.

Tessnow erhält 1902 die Todesstrafe, das Reichsgericht in Leipzig (1904) und ein Wiederaufnahmeverfahren (1906) bestätigen das Urteil. Ob es vollstreckt wird, ist lange Zeit unklar. Angeblich wird die Strafe in lebenslängliches Zuchthaus umgewandelt.

Ein Beweis für die Hinrichtung oder die Strafumwandlung findet sich in den Justizakten nicht. Erst 2016 ergeben Nachforschungen in Akten der Landesheilanstalt Stralsund, dass Tessnow in die dortige psychiatrische Klinik überstellt wurde und hier bis 1933 einsaß. Als »ungeheilt« eingestuft, wurde er dann nach Neustadt in Westpreußen verlegt und dort im Herbst 1939 in den Wäldern nahe Danzig bei dem Dorf Groß Piasnitz im Zuge eines NS-Euthanasieprogrammes per Genickschuss hingerichtet.

Auf Mönchgut geschahen 1901 die Morde.

Stralsund

Mit einem Küchenbeil

Der Raubmörder Carl Gottlieb Eggert

Zu Beginn des 19. Jahrhunderts ereignet sich in Stralsund ein Verbrechen, das in der ganzen Stadt für Gesprächsstoff sorgt und den Rügener Schriftsteller und Heimatforscher Johann Jacob Grümbke Jahre später zu einer Erzählung anregt. Seine Geschichte »Der Bleiguss in den Zwölften« erscheint 1839 in der *SUNDINE*, dem *Unterhaltungsblatt für Neu-Vorpommern und Rügen*, und verarbeitet die Ereignisse literarisch. Grümbke schildert das Verbrechen so:
Am 16. März 1812 schleicht sich gegen 22 Uhr ein Mann in das Mietshaus des Branntweinbrenners Holtz in der Semlowerstraße, versteckt sich im Hof und hört bald darauf, wie die Haustür verriegelt wird. Er wartet eine Viertelstunde, bis alles still ist. Dann betritt er leise die Wohnung des Branntweinbrenners. Holtz ist noch wach und fährt im Bett hoch: »Wer ist da?« Der Eindringling, durch die Dunkelheit geschützt, fällt über den alten Mann her und erschlägt ihn mit einem Küchenbeil. Dann bricht der Mörder einen Wandschrank auf und erbeutet etwa 15 Taler – weiteres Geld und das erhoffte Silberzeug finden sich nicht im Schrank.
Am Morgen fällt Nachbarn und Mietern auf, dass die Fensterläden bei Holtz verschlossen bleiben. Sonst hat er immer, die Schlafmütze auf dem Kopf und die Tabakspfeife im Mund, in der Haustür gestanden und jeden gegrüßt. Die Nachbarn betreten die Wohnung und finden den Alten im Bett, blutüberströmt und mit zerschmettertem Schädel. Der Wandschrank steht offen. Die Nachricht vom Mord verbreitet sich wie ein Lauffeuer in der Stadt. Schnell richtet

sich der Verdacht gegen das im Mordhaus wohnende Ehepaar Eggert, sodass dessen Wohnung durchsucht wird. Man findet nichts Verdächtiges. Aber der Sohn der Eggerts, Carl Gottlieb, ein arbeitsloser Bäckergeselle, ist gestern Abend im Haus gesehen worden. Er lebt ein paar Straßen entfernt, man durchsucht auch seine Stube – und findet im Bett ein blutiges Küchenbeil sowie einen Beutel mit Geld. Eggert wird sofort verhaftet und in die Custodie, das Stadtgefängnis, gebracht.

Lange leugnet der Bäcker in den Verhören seine Täterschaft. Er beschuldigt einen anderen, den Vagabunden Koppelmann, der seit Wochen nicht mehr in Stralsund gesehen worden ist, der aber nun vom Stadtgericht herbeigeschafft und Eggert gegenübergestellt wird. Daraufhin bricht der Mörder zusammen und ruft: *»O mein Gott! Ich will alles bekennen!«* Es kommt heraus, dass ihn seine Schwägerin, die Frau seines Bruders, zum Mord angestiftet hat. Eggert be-

In Stralsund geschah 1812 der Mord.

gehrte sie. Sie hatte ihm jedoch klargemacht, dass er als armer Mann keine Chance bei ihr habe.

Das Stralsunder Stadtgericht fällt am 30. März 1813 das Urteil, den Mörder *»mit dem Rade, durch Stöße auf die Brust, Arme und Schenkel, vom Leben zum Tode zu richten, und dessen Körper auf das Rad zu flechten«*. Der Bäcker nimmt das Urteil an, bittet aber den schwedischen König – Stralsund gehört damals noch zu Schweden – um eine Milderung des Urteilvollzugs. Carl XIII. wandelt die Strafe daraufhin um: Eggert soll nicht mehr gerädert, sondern enthauptet werden. Das Urteil wird am 24. Februar 1814 auf den Frankenweiden am Köppenberg öffentlich vollstreckt. Dabei kommt es zu einem makabren Vorfall. Viele Zuschauer sind der Meinung, dass alles, was von einem Hingerichteten stammt, Glück bringe. Sein Hirn helfe gegen Tollwut, seine Haut gegen Gicht, und frisches Blut heile die gefährlichsten Krankheiten.

Johann Jacob Grümbke, der die Hinrichtung selbst beobachtet haben will, schreibt: *»Der Aberglaube schwang jetzt sein Scepter mit heftiger, unwiderstehlicher Macht. Aus der zahllosen Menge der Zuschauer stürzten, beide Barrieren durchbrechend, ganze Haufen von Menschen jeden Alters und Standes. Man schnitt und riß sich Stücke von den Kleidern des Hingerichteten, und tauchte Tücher und Kleidungsstücke in sein fließendes Blut. Sogar in Gläsern und Töpfen wurde es aufgefangen. Vergebens mühte man sich, die Eindringenden zurückzuhalten, bis endlich der bis auf das Hemd entkleidete Körper des Hingerichteten nebst dem getrennten Haupte der entsündigenden Muttererde anvertrauet war.«*

Torgelow

Am Kohlenmeiler

Der Bauer Rossow wird 1725 in der Lieper Heide erschlagen

Liepe, ein kleines Dorf südlich von Torgelow, liegt direkt an der Uecker. Am 17. April 1725 eilt ein Dorfbewohner zum Königlichen Amtsgericht Ueckermünde. Der Grund: Der Bauer Jochen Rossow aus Liepe ist bei Tagesanbruch in der Lieper Heide bei seinem Kohlenmeiler tot aufgefunden worden.

Das Amtsgericht beginnt noch am selben Tag im Lieper Schulzenhaus mit den ersten Verhören. Die Witwe des Bauern, Maria Schultzin, berichtet, sie habe ihren Mann am Abend zuvor beim Kohlenmeiler besucht und ihm Essen gebracht. Er sei frisch und frohen Mutes gewesen, habe geäußert, am nächsten Morgen mit dem Kohlenbrennen fertig zu sein und nach Hause zu kommen. Ihr Knecht Christoffel Jacob sei zu diesem Zeitpunkt im Eggesiner Saugarten, einem eine Meile von Liepe entfernten Gehölz, gewesen und erst in der Nacht nach Hause gekommen. Am nächsten Morgen habe der Knecht ihren Mann am Kohlenmeiler tot vorgefunden. Sie sei hinzugeeilt, habe zuerst geglaubt, ihr Mann sei ins Feuer gefallen, weil er ganz schwarz im Gesicht war, habe den Leib dann nach Hause schaffen lassen, ihn gewaschen und dabei drei Wunden am Kopf entdeckt.

Der Knecht Christoffel Jacob sagt aus, er sei spätabends aus dem Saugarten zurückgekehrt, habe zuvor eine geborgte Axt beim Eggesiner Teerofen abgegeben und habe, weil zu Hause schon alles verschlossen war, im Pferdestall übernachtet. Morgens sei er von der Bäuerin zum Kohlenmeiler geschickt worden und habe Rossow entdeckt.

Das Gericht besichtigt die Leiche, dabei stellt ein Chirurg vier Wunden am Kopf fest: Der Bauer ist – womöglich mit einer Axt – erschlagen worden. Sämtliche Einwohner aus Liepe werden vernommen, doch niemand hat etwas gesehen oder gehört.
Erst Monate später, im September 1725, zeigt ein Bauer aus Liepe an, der Knecht Christoffel Jacob habe erzählt, er sei von der Ehefrau Rossows zum Mord angestiftet worden. Die Witwe und ihr Knecht werden daraufhin erneut vernommen. Der Knecht beteuert, er wisse nicht, wer Rossow getötet habe, aber die Bäuerin habe ihn insgesamt dreimal aufgefordert, ihren Mann totzuschlagen, was er jedoch verweigerte. Maria Schultzin, 26 Jahre alt, Mutter mehrerer kleiner Kinder, sieben Jahre mit Rossow verheiratet, bestreitet die Anschuldigungen und berichtet, der Knecht wolle sich an ihr rächen, weil sie ihn stets, als er sich ihr nähern wollte, abgewiesen habe. Eine Gegenüberstellung der beiden bringt die Ermittlungen nicht weiter. Bei den nächsten

Das Opfer und der Täter lebten damals in Liepe.

Verhören tobt und flucht der Knecht, die Witwe macht, wie das Gericht registriert, aber *»ihre Aussage stets mit unveränderten Gesicht«*. Da die Sache vorerst nicht aufgeklärt werden kann, werden die beiden verhaftet und die Akten zum Königlich Preußisch-Pommerschen Schöppenstuhl nach Stargard gesandt. Dort ergeht am 22. Oktober 1725 das Urteil, noch einmal genauer im Leben der Angeklagten zu forschen und weitere Zeugen zu befragen. Die Erkundigungen ergeben, dass die Witwe einen untadeligen Lebenswandel geführt hat, der Knecht hingegen liederlich, dem Alkohol zugetan und nie in der Kirche gewesen sei sowie bereits bei einem früheren Brotherrn ein Mädchen belästigt hat.
Die Schlinge um den Hals Christoffel Jacobs wird enger. Am 26. November 1725 wird in seinem Kerker ein dickes Seil gefunden. Er gibt zu, dass er sich erhängen wollte. Irgendwann schließlich gesteht er den Mord, weil er *»die Rossow'sche heyrathen wollte und Ihre Kinder ernähren, der König sollte ihn zum Bauren machen und annehmen«*. Er nimmt alle Anschuldigungen gegen die Witwe zurück und schildert sein Motiv: Er habe schon lange beabsichtigt, Rossow zu erschlagen, weil der ihn mehrfach beleidigt hätte. Als er, Jacob, am 14. April in den Saugarten gehen wollte, habe ihm der Bauer kein Biergeld geben wollen, da sei das Fass übergelaufen. Am 16. April sei er abends geradewegs zum Kohlenmeiler gegangen, es sei finster und der Bauer allein gewesen. Nach einem Wortwechsel habe er mit einem Kohlen-Stampfpfahl zugeschlagen, dabei sei Rossow auf einen anderen spitzen Pfahl gefallen und so zu Tode gekommen. Die Witwe wird freigesprochen, der Knecht zum Tod verurteilt. Am 9. April 1726 wird er auf dem Schlossplatz in Ueckermünde zuerst mit einer glühenden Zange gefoltert, dann vor dem Ueckermünder Stadttor mit dem Schwert enthauptet und auf das Rad geflochten. Sein Kopf wird auf einen Pfahl gesteckt, die Tatwaffe an das Rad gehängt.

Wietzow

Der Mörder ist immer der Gärtner

Die Tötung Adolf von Blüchers sorgt 1893 für Aufsehen

Ende des 19. Jahrhunderts gehört das vorpommersche Gut Wietzow – 20 Kilometer südöstlich von Demmin – dem Grafen Adolf von Blücher, einem königlich preußischen Major a. D.

Am 16. Oktober 1893 wird Graf Blücher erschossen, wie die *Norddeutsche Allgemeine Zeitung* (Berlin) einen Tag später abends berichtet: »*Auf das gräflich Blücher'sche Ehepaar in Wietzow wurde von dem herrschaftlichen Gärtner ein Attentat ausgeübt, wobei der Graf getödtet und die Gräfin schwer verwundet wurde.*« Der Gärtner habe in einem intimen Liebesverhältnis zu einem Mädchen im Schloss gestanden, die Magd, die bereits schwanger war, sei entlassen worden. Der Gärtner – zugleich Jäger des Grafen – habe dagegen protestiert und darum selbst die Kündigung erhalten: »*Gestern gegen Mittag blickte das gräfliche Paar aus einem Fenster des Schlosses in den Park, als der Jäger aus einem Versteck im Gebüsch mit einem doppelläufigen Gewehr zuerst auf den Grafen schoß. Die Kugel drang durch die Stirn in den Kopf und hatte den sofortigen Tod zur Folge. Unmittelbar darauf traf der zweite Schuß die Gräfin in den Hals.*«

Das *Berliner Tageblatt* berichtet am 17. Oktober 1893 in seiner Abendausgabe fast wortgleich über den Mord, fügt aber noch hinzu: »*Schließlich machte der Attentäter durch einen Schuß – aus einem Revolver in die Schläfe – seinem eigenen Leben ein Ende. Er soll ein so ausgezeichneter Schütze gewesen sein, daß er einen Sperling im Fluge mit der Kugel zu tödten pflegte.*« Die Tat klingt so spektakulär, dass die internationale Presse den Fall aufgreift – und die Spekulationen weiter anheizt. Die US-Zeitung *The Daily Inter Ocean* (Chicago) verbreitet einen Tag später gleich drei Varianten des Mordes: Die erste Version deckt sich ungefähr mit den Schilderungen der Berliner Zeitungen, nur dass der Gärtner sich nicht mit einem Revolver, sondern mit der Tatwaffe das Leben nahm. Die zweite Version nennt den Namen des Mörders: Borchardt. Er habe aber den Grafen nicht vom Park aus, sondern im Hof des Schlosses erschossen und ihm außerdem ein Jagdmesser in den Bauch gestoßen. Die dritte Version: Der Mörder heiße Thiel und sei Wildhüter, er habe mit Blücher gestritten, dann eine Waffe geholt, den Grafen erschossen und die herbeieilende Gräfin in Schulter und Arm getroffen.

Was ist richtig? Die Pariser Zeitung *Le Temps* spekuliert am 18. Oktober weniger und meldet nur, dass der Gärtner den Grafen getötet und die Gräfin schwer verletzt habe. Die *Norddeutsche Allgemeine Zeitung* wartet dagegen am 19. Oktober mit weiteren Einzelheiten auf, die sie dem *Demminer Kurier* und der *Neuen Stettiner Zeitung* entnommen hat: Der gräfliche Jäger Thiel, 30 Jahre alt, unverheiratet und wegen seines unsoliden Lebenswandels mehrfach von seiner Herrschaft verwarnt, sei am 16. Oktober um 9.30 Uhr mit seinem Jagdgewehr in das Zimmer des Grafen eingedrungen und habe ihn erschossen. Die herbeieilende Gräfin sei am linken Arm und am Hals verwundet worden. Thiel habe sich anschließend in seinem Zimmer mit einem Schuss in den Mund getötet, er solle polnischer Herkunft und vor Jahren aus Russland ausgewiesen worden sein. Die Zeitungen bedienen fremdenfeindliche Ressentiments.

In den Folgetagen spekulieren auch Zeitungen in den Niederlanden, Österreich-Ungarn, der Schweiz und sogar in Australien über den Mord. Schließlich wendet sich Graf Werner von Blücher, der Bruder des Getöteten, an die

Duitschland.

De laatste directe nakomeling van den ouden Blücher, de 53-jarige graaf Blücher, is met zijne vrouw op het slot Wietzow bij Griefswald door den huisjager vermoord. Wegens eene vrijage met de kamenier was aan beiden de dienst opgezegd. Hierop schoot de jager, die een voortreffelijk schutter was, het grafelijk echtpaar, terwijl het niets kwaads vermoedend uit een venster keek, dood en benam daarna zich zelven het leven.

Auch die im niederländischen Tilburg erscheinende Zeitung TILBURGSCHE COURANT berichtete am 22. Oktober 1893 über das Verbrechen.

Presse, um den vielen Versionen des Mordes ein Ende zu machen. Die *Wöchentlichen Anzeigen für das Fürstenthum Ratzeburg* (Schönberg) berichten am 24. Oktober 1893 über den tatsächlichen Tathergang: Demnach habe Thiel mit dem Grafen in dessen Zimmer über die Kündigung gestritten, habe schließlich eine Waffe geholt und den Grafen erschossen sowie die herbeieilende Gräfin schwer verletzt.
Die Gräfin überlebt, auch wenn die *Neue Stettiner Zeitung* schon ihren Tod gemeldet hatte. Aus Treptow an der Tollense (Altentreptow) wird sodann gemeldet, die Obduktion in der Universität Greifswald habe ergeben, dass Thiel vom Irrsinn befallen war. Doch in der Jagdzeitung *St. Hubertus* stellt ein früherer Bekannter des Jägers fest: Thiel sei bescheiden, solide und hilfsbereit gewesen, lang aufgeschossen, mit schlichtem, hellblondem Haar und blassem Gesicht, eher furchtsam und kein guter Schütze. Seine Schüsse pflegten selten das Wild zu treffen, er habe meist Löcher in die Natur geschossen.
Der Mörder ist vielleicht immer der Gärtner, aber nur selten ein Monster.

Wolgast, Ziemitz
Die sieben Hühner

Ein Diebstahl in der Nacht

In dieser Nacht zieht ein schwerer Sturm über Pommern. Er jagt um die Jasmunder Kreidefelsen, türmt das Wasser des Greifswalder Boddens zu brüllenden Ungeheuern auf und fährt mit unerbittlicher Wucht in die reetgedeckten Dächer auf Usedom.

Auch in Wolgast heult der Wind in den Straßen, dass sich die Leute ihre Betten über die Ohren ziehen. Was soll das nur werden, denken sie, hoffentlich wird der Orkan zu Weihnachten etwas nachlassen. Und wann kommen endlich Nachrichten von den Männern an der Front? Wie Maschinengewehrfeuer trommelt der Regen gegen die Scheiben.

In dieser Nacht kämpft sich eine Gestalt durch den Sturm. Sie sitzt in einem kleinen Boot, die Wellen werfen das Wasser ins Innere. Doch unaufhaltsam steuert der Kahn durch die Fluten. Zum Glück ist der Weg nicht weit, von Wolgast hinüber nach Usedom ist es nur ein Katzensprung. Doch in dieser Nacht ist selbst diese kurze Strecke lebensgefährlich. Aber die Überfahrt gelingt. Tief gebeugt, die Mütze mit der Hand festhaltend, schlägt die Gestalt den Weg nach Ziemitz, einem kleinen Dorf in der Nähe, ein. Die Stiefel versinken im Schlamm, der Regen rinnt in Bächen am Ölzeug herunter.

Es ist die Nacht vom 21. auf den 22. Dezember 1916. Als der Mann das Dorf erreicht, lässt der Sturm etwas nach. Es ist stockdunkel. Lautlos steuert er auf einen Hof zu, denn er kennt sich hier aus. Der Mann läuft hinten herum, springt über einen Graben, dringt in die Scheune ein und zündet eine Laterne an, die er mitgebracht hat.

Plötzlich knackt es im Obergeschoss. Er erstarrt. Ist dort oben jemand? Er löscht das Licht und hält den Atem an. Doch nichts geschieht. Nach einer Weile zündet der Mann das Licht wieder an und dann sieht er sie. Sie sitzen auf Stangen und im Stroh und haben ihre Köpfe in die Flügel gesteckt, nur jetzt, angeleuchtet, kakeln sie leise.
Der Mann öffnet einen Sack, den er mitgebracht hat, und greift entschlossen zu. Die Hühner schlagen mit den Flügeln und versuchen, davonzulaufen. Doch der Dieb hat Übung, ein Huhn nach dem anderen verschwindet im Leinensack. Sieben auf einen Streich. Nach wenigen Minuten verlässt er die Scheune mit seiner Beute, kein Hahn kräht nach ihm, kein Hofhund schlägt an. Der Mann verschwindet so lautlos wie er gekommen ist. Der Wind verschluckt seine Schritte, der Regen verwischt seine Spuren.

Die Opfer – sie wurden auf Usedom entführt.

Und doch stehen am nächsten Morgen die Gendarmen in Wolgast vor seiner Tür: »Sind Sie der Wilhelm Herzberg?«
»Der bin ich. Warum?«
»Sie sind vergangene Nacht in Ziemitz beim Hühnerdiebstahl beobachtet worden. Sie haben sieben Tiere mitgenommen. Der Bauer Lemcke hat's gemeldet. Es waren seine Tiere.«
»Das ist unmöglich. Ich war die ganze Nacht hier.«
»Wir sehen uns mal Ihre Wohnung an.« Die Gendarmen schieben Herzberg beiseite und durchsuchen die Zimmer des mehrfach vorbestraften Arbeiters. In der Küche finden sie fünf geschlachtete Hühner. Herzberg triumphiert: »Sehen

Der Dieb kam im Boot nach Ziemitz.

Sie, ich kann es gar nicht gewesen sein. Das hier sind fünf Hühner, keine sieben. Ich bin unschuldig.«

»Woher haben Sie die Tiere?«

»Ich, äh … ich habe sie … von … von einem Unbekannten. Auf der Straße gekauft.«

»Und warum liegen hier in der Schüssel sieben Mägen, sieben Herzen und sieben Lebern? Das sind ja tolle Hühner gewesen.«

»Ich … äh.«

»Herzberg, Sie sind festgenommen.« Die Gendarmen führen den Arbeiter ab.

Ein paar Monate später, am 23. Juni 1917, verurteilt ihn das Gericht in Greifswald wegen schweren Rückfalldiebstahls zu einem Jahr Gefängnis. Herzberg spuckt Galle – die sieben Mägen sind ihm auf den Magen geschlagen. Und wieder kräht kein Hahn nach ihm, dem glücklosen Wolgaster Gauner.

Der Autor

Bert Lingnau, 1972 in Barth/Vorpommern geboren, wuchs in Zingst auf der Halbinsel Fischland-Darß-Zingst auf und studierte von 1993 bis 1998 Geschichte und Germanistik in Greifswald. Anschließend absolvierte er ein Volontariat beim Norddeutschen Rundfunk und arbeitete danach bis 2008 für den NDR.

Er veröffentlichte bisher fünf Bücher mit historischen authentischen Kriminalfällen aus Mecklenburg und Vorpommern: »Da muss man Leute totmachen« (2010), »Die Tochter des Henkers« (2011), »Rübe ab! Der kriminelle Reiseführer durch Mecklenburg und Vorpommern« (2016), »Singende Barsche. Lustige und bewegende Kriminalfälle aus Mecklenburg und Vorpommern« (2022) und »Steile Hechte. Wahre Kriminalfälle aus Mecklenburg und Vorpommern« (2023).

Bert Lingnau ist ausgebildeter Rundfunk-Journalist, Schriftsteller und seit 2009 für die Medienanstalt Mecklenburg-Vorpommern tätig. Seit März 2016 ist er Direktor der Medienanstalt.

Wollen Sie mehr über spannende Kriminalfälle aus Ihrer Nachbarschaft erfahren? Dann tragen Sie sich in meinem **kostenfreien Newsletter** ein: **https://bert-lingnau.de**

Weitere Informationen finden Sie auch auf Facebook: **https://www.facebook.com/bert.lingnau.1**

Danksagung

Der Dank gebührt Dieter (†) und Margrit Dreilich aus Stralsund, sie hatten die Idee zum Buch, gaben Hinweise und steuerten viele Fotos bei. Ich danke außerdem meiner Frau Madlen und meinen Eltern Klaus (†) und Christel Lingnau. Ihnen allen ist dieses Buch gewidmet.

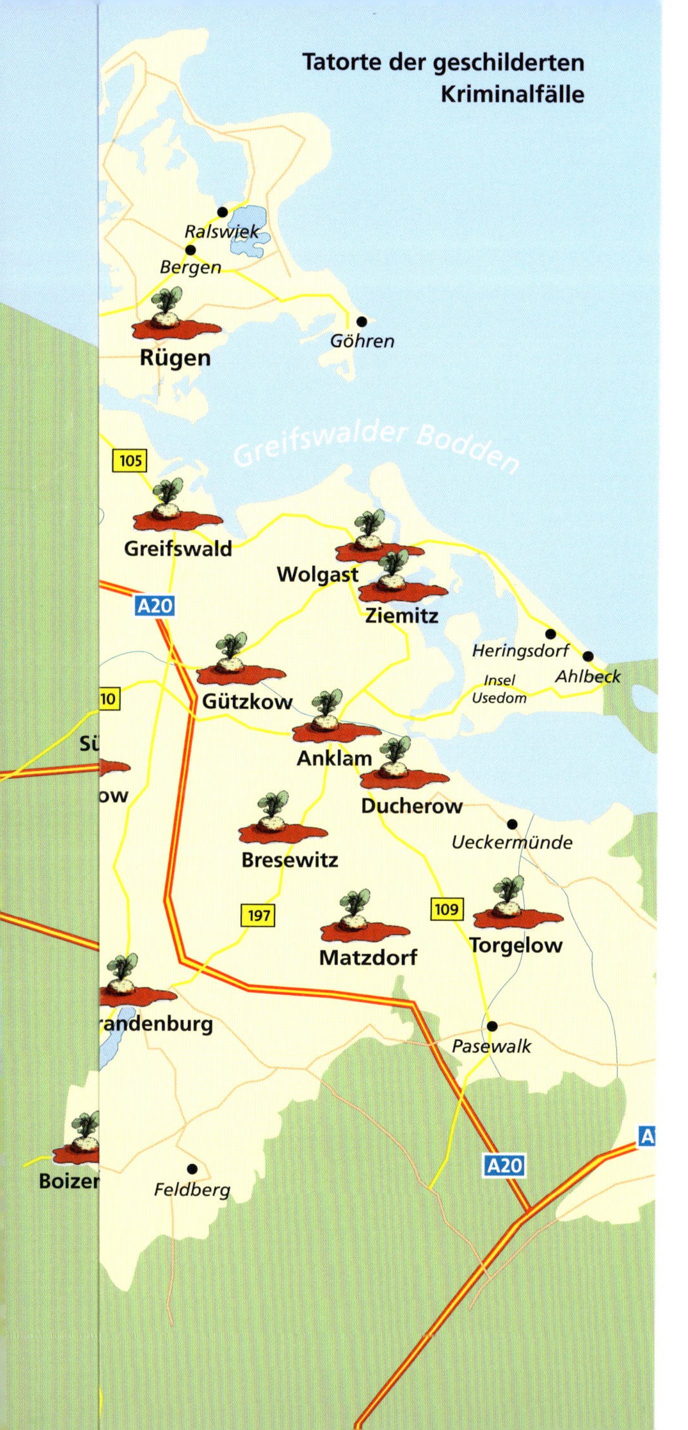
Tatorte der geschilderten Kriminalfälle
Ralswiek
Bergen
Rügen
Göhren
Greifswalder Bodden
105
Greifswald
Wolgast
Ziemitz
A20
Heringsdorf
Ahlbeck
Insel Usedom
Gützkow
10
Anklam
Ducherow
Ueckermünde
Bresewitz
197
109
Matzdorf
Torgelow
Pasewalk
Feldberg
A20